だから英語は教育なんだ

心を育てる英語授業のアプローチ

三浦 孝、弘山貞夫、中嶋洋一 編著

研 究 社

はじめに
―― 本書が目指すもの ――

　21世紀の日本の英語教育論議は、「使える英語」一辺倒の様相をますます濃くしている。産業界はもとより、政府にも「英語第二公用語化論」が登場して、まさに英語なくして日本の将来はないといった様相である。また、インターネットとE-mailによるボーダレスな取り引きが拡大するにつれ、その主要言語である英語への依存はますます強まっている。その身近な影響は、親や社会から子供に対する「英語が使えないと社会の落伍者になるのではないか」というプレッシャーとなって現れることだろう。英語はこれまでにも増して世渡りの道具、サバイバル・スキルとみなされることだろう。

　英語教育者としては、こうした英語需要の高まりはうれしい面もあるが、英語教育をまともにそういった功利的目的に便乗させることには、抵抗を感じざるをえない。なぜなら、ただ単に世渡りに有利だからという理由だけで、人は学習に動機づけられるものではないし、児童期や思春期に功利性ばかりを優先することは人生そのものの不毛を招くからである。教育の目的の半分が、職業技術を含めた過去の文化・技術の後世への伝達であるならば、残る半分は過去の大人が成し遂げ得なかった価値・文化・技術の創造でなければならない。それは、全世界の被造物がより豊かに、平和に、幸福に共生できる壮大な夢の実現へと向かう道であり、それこそが教育の目指す普遍的価値である。グローバルな時代だからこそ、辺境の一見ちっぽけな教室の授業実践さえもが、こうした全世界的な夢の出発点となりうるのである。価値ある夢や信念や愛あればこそ、人間はみすみす不利な状況にも飛び込んでまで道を切り開くのであり、そのエネルギーは打算に生きる者の比ではない。

　このような普遍的価値に教育が結びつかない場合、それは不毛の教育と呼ばなければならない。京都の少年による小学校校庭無差別殺人や佐賀のバスジャック殺人をはじめとして、高校や大学の途中までいわゆるエリー

はじめに

トコースを歩いてきた青少年が挫折して、自己内部の混乱の突破口として通りすがりの人を殺傷する事件がここ数年相次いでいることは、この不毛を象徴している。彼らは、学業に真の価値や喜びを見出す機会を与えられぬまま、世渡りの道具として不毛な「勉強」にまい進し、やがてその不毛な教育が約束していた見返りが自分に与えられぬことを看破して愕然とし、パニックに陥ったのである。今こそ、子供たちは打算ではなく人生そのものを豊かにしてくれる教育を求めている。本書は、英語教育がどのようにして普遍的価値と結びつくのかを探求することによって、その叫びに応えようとするものである。

コミュニケーション重視の英語教育がスローガンとしては当たり前となった今日の日本で、コミュニケーションは本当に重視されているだろうか。テレビで人を中傷することが番組となり、人心が地に落ちるような事件の報道でコメンテーターが視聴者のリンチ的憎しみを煽り立てるなど、いわば心を逆撫でるコミュニケーションばかりが増幅され横行している。また一方では、母語(日本語)による対人コミュニケーション能力は世代を経るごとに衰退の兆しを見せ、そうした言語生活の貧困さのために、もめごとや内面的葛藤を言語的に処理できず殺傷事件に走るケースが多発している。

言葉はコミュニケーションの手段である。ここまでは誰しも認めるところだ。しかし、そのコミュニケーションが当事者の心を豊かにしてゆくかどうかを、言葉の教育は問わなければならない。放たれた言葉が毒矢のように人の心に突き刺さり、徐々にその心を滅ぼしてゆくこともある。一方では一言の温かみが、受ける人の一生を支えるばかりでなく、さらに他の人へと伝えられてゆくこともある。そういった意味で、negative であるか positive であるかを問わず、言葉には伝染性がある。

本書はそうした、人を励まし暖める言葉の教育として英語を教えるメソッドを提案したものである。自分と自分の間で、自分とクラスメートの間で、クラスと教師との間で、またクラスと他のクラスとの間で、英語でふれあい、表明・理解しあい、どこの国の人とも平和な interaction を築ける素地を作ることを目標としている。

はじめに

　近年は英語指導技術に対する関心が非常に高まり、授業のノウハウに関するさまざまな指導書やワークショップが数多く提供されている。しかし、本書は英語授業を単なる技術の問題とはとらえていない。むしろ「上手な」授業のノウハウばかりが脚光を浴びて、授業で生徒と教師が生きることがおろそかになってはいけないと考える。本書が目指すのは、「うまい」授業よりも「心に残る」授業、人まねの技術の貼り合わせよりもむしろその教師なりの信念に基づく授業である。生徒のすばらしさを見ようとする授業、悩みや苦しみや喜びを共感しあう授業、生徒と教師が育てあう授業である。もちろんこのような授業は一朝一夕に実現できるものではなく、成功するための万能薬的なノウハウなど存在しない。そういう意味で、本書が取り上げたのは、そこに至る過程としての、煩悶・失敗・挫折と再起の授業の記録である。

　本書の第1部「理念編」では、心を育てる英語教育の原則を4項目に分けて解説する。第2部「実践編」では、心を育てる英語教育という理念が、生徒の心を掘り起こし学習集団を育てるという観点で実際にどのように授業に具現化されうるかのプロセスを実例で示している。第3部「指導法編」では、心を育てる英語教育のための各種の指導法を具体的に紹介する。これらの指導法は多くの教師によって試されてきた、まさに日本の教室に根付いた指導法である。第4部「体験編」では、学術論文ではかいま見ることのできない英語教師の教育体験を何編か、手記の形で特集する。教師が自分の人生と関連させながら発想し、期待や不安を経由して実践し、事後には感性・感情レベルを含めて実践を反省する姿が、生き・希み・悩む教師にとって大きな参考となることを期待する。

目　次

はじめに——本書が目指すもの　［三浦　孝］　iii

第1部　理念編——英語の大空、教室の泉　［三浦　孝］

1.　日本において真に意味ある英語教育 2
　1.1　教師にとっての英語教育の意味　2
　　　もう1つのドア　3
　　　死の淵で支えた言葉　4
　1.2　生徒にとっての英語学習の意味　5
　1.3　自己防衛の英語　7
2.　生徒の方を向いた英語教育 8
　　「いのち」が見えているか　8
　　トモエ学園の校長先生の言葉　9
　　"I was 4,100 gram."　9
　　教室は宝の山だ　11
3.　人を生かす英語教育 11
　3.1　竹ペン授業の逸話　12
　3.2　教師をも生かす授業　14
　　　目からうろこが落ちたとき　15
4.　人と人とを結ぶ英語教育 16
　4.1　From Ice to Flowers　16
　4.2　表現の魅力を高める英語教育　18
　　　相手に聞いてもらう工夫をしよう　19
　　　良い聞き手作り　20
まとめ 20

目 次

第2部　実践編——心を掘り起こし、集団を育てる　［中嶋洋一］

1. 英語教育という窓を通して何ができるのか 24
   1.1 ある卒業生からのメッセージ　24
   1.2 3つの荒れを乗りこえて　25
       (1) みなさん、校内暴力を起こしましょう！　25
       (2) 奥住氏との衝撃の出会い　27
       (3) 筆者を変えた2人の生徒のペア学習　28
   1.3 ペア学習で大切なこと　31
   1.4 ミルトン・エリクソンから学んだこと　35
       (1) プロセスを重視しよう　35
       (2) メタフォリカル・アプローチの有効性　36
2. 他者との協力、学びのプロセスをどうつくるか 39
   2.1 ホリスティックな学びの場をつくる　39
   2.2 自己責任を与える　40
   2.3 Show and Tell で自己責任と自分らしさを育てる　41
   2.4 固定よりも変化を　42
3. 自分が好きになり「これが私です」と言えるように 43
   3.1 人間関係を育む添削指導　43
   3.2 「意見の拮抗」がコミュニケーションの必然性をつくる　45
       (1) チェーン・レターで心を刺激する　45
       (2) リレー・ノートで心をつなげる　51
   3.3 「なりきり作文」で学ぶ他者の視点　52
   3.4 創造的なタスクで夢が大きくふくらむ　58
   3.5 勘違いされている教師の「権威」　61
4. 英語の授業でクラスを変える 63
   4.1 思わず聞きたくなる、話したくなるような授業をつくる　63
   4.2 筆者の授業が大きく変わった理由　65
   4.3 「ネパールってどんな国？」——3年関係代名詞　66

(1)　学習の必然性をつくる　67
　　　(2)　驚くことを自分で気づけるような活動を仕組む　67
　　　(3)　「振り返り」で学習を深める　67
　　4.4　「割りばしと新聞から環境問題を考える」——2年不定詞　70
　　　(1)　class designの必要性　71
　　　(2)　音読が自信の源に　72
　　　(3)　単語の導入は教師のビジョンで　72
　　　(4)　授業に「必要感」を作り出すコツ　73
　　4.5　「身近な性差別」——2年比較級　77
　　　(1)　「男のくせに」「女の子らしく」が当たり前？　78
　　　(2)　柳瀬陽介氏の授業参観レポート　79
　　　(3)　心が動いたのはなぜ？（生徒の感想より）　82
　　4.6　「クラス対抗の英語ディベート授業」——3年統合的な活動　83
　　　　　松本氏と英語でメール交換した生徒たち　83
　　4.7　授業を活性化させる5つの視点　86
5.　違いがあるからおもしろい 88
　　5.1　違いを認めて自己確立へ　88
　　5.2　ハート・ウォーミングな授業を創る　90
　　5.3　こだわりを生む活動　93
　　5.4　気づきをどうつくるか（教師の基礎・基本）　95
　　5.5　よさに気づける「観察眼」を磨く　97
6.　まとめとして 98
　　　豊かな英語授業を貫く原則とは　100
　　　日々謙虚に学び続けること　103

目次

第3部 指導法編

1. How to Learn English を教える ［弘山貞夫］.......................... 106
   - 1.1 はじめに 106
   - 1.2 「英語学習のガイド」——音読が breakthrough を作る 107
   - 1.3 外国語を修得した達人に学ぶ 109
     - （1） シュリーマンに学ぶ 109
     - （2） 長澤信子さんに学ぶ 110
   - 1.4 まとめ——生涯学習の基礎を作る 111
2. 学習集団を育てるための基礎トレーニング ［中嶋洋一］........ 112
   - 2.1 基礎トレーニングの必要性 112
   - 2.2 シャドウイングを身につけるトレーニング 113
   - 2.3 シャドウイングの訓練は日本語から 114
   - 2.4 同時通訳のトレーニングへ 114
   - 2.5 説明できる（describe）ようにするトレーニング 116
   - 2.6 言い換える（paraphrase）トレーニング 117
   - 2.7 「開かれた発問」と「閉ざされた発問」の違い 118
   - 2.8 「相づち」と「聞き返し」をマスターする 119
3. 協同学習で授業を活性化する ［弘山貞夫］.............................. 124
   - 3.1 協同学習の目指すもの 124
   - 3.2 1時間の授業の流れ 125
   - 3.3 概要導入をペアで 125
   - 3.4 本文の学習をペアの「同時通訳方式」中心で 127
   - 3.5 ペアで Repeating 練習 128
   - 3.6 ペアで英日通訳方式の練習 129
   - 3.7 ペアで日英通訳方式の練習 129
   - 3.8 シャドウイング練習 130
   - 3.9 ペアでインタビュー活動 130
   - 3.10 英問英答は Crossfire か Treasure Hunt で 132

3.11　協同するプロセスが学習そのもの　133
4. 魅力ある話し手、良い聞き手を育てるアクティビティ
　　　　　　　　［三浦　孝］ 134
　4.1　魅力ある話し手を育てる　134
　　（1）　一言の持つ高い可能性に気づかせる　134
　　（2）　Talk and Listen の手法　135
　4.2　良い聞き手を育てる　136
　　（1）　Active Listening　136
　　（2）　フィードバック表現の駆使　137
5. お互いに意見を交換する授業　［弘山貞夫］ 140
　5.1　はじめに　140
　5.2　Do you like your school uniforms?　141
　5.3　活動の手順　142
　5.4　意見をみんなで共有する　143
　5.5　生徒の反応から学ぶ　144
　5.6　まとめ　145
6. 映画を活用した授業 146
　6.1　中学校での指導例［中嶋洋一］　146
　6.2　高校での指導例［弘山貞夫］　150
　　（1）　映画を利用することの効用　150
　　（2）　映画『遙かなる大地へ』を使って　150
　　（3）　映画の鑑賞　154
　　（4）　生徒のアンケート結果　155
　　（5）　インターネット上の映画情報　155
　　（6）　生徒の感想を英文化する　156
　　（7）　おわりに　158
7. 言葉の持つ力とうるおい　［弘山貞夫］ 160
　7.1　ポエムの指導法　160
　　（1）　言葉と心を育むポエジー　160
　　（2）　「ポエム」の鑑賞から創作まで　160

目 次

　　　(3)　英詩を取り入れる意味　162
　　　(4)　英詩の鑑賞　162
　　　(5)　詩的自己表現へ　164
　　　(6)　英詩創作の手順　165
　　　(7)　英詩指導のまとめ　167
　7.2　英語ハイクの指導法　168
　　　(1)　英語ハイクでハイキング　168
　　　(2)　ハイク創作の手順　168
　　　(3)　俳句王(ハイキング)を選ぶ　170
　7.3　マザーグースの学習からパロディ創作　170
　　　(1)　マザーグースをなぜ扱うか　170
　　　(2)　授業の手順　172
　　　(3)　生徒の感想　175
　　　(4)　マザーグース入門のセット　175
　まとめ　176

8.　問題対処力を育てるアクティビティ　［三浦　孝］　177
　8.1　生徒を人生相談の回答者に　177
　8.2　方略能力（strategic competence）を養う　177
　8.3　人生相談の教材実例　178
　8.4　教材入手の方法　182

9.　自己防衛の英語力養成　［三浦　孝］　184
　9.1　海外犯罪被害の事例　184
　9.2　友好一辺倒の外国語コミュニケーションのワナ　185
　9.3　教科書から発展させた自己防衛指導　185
　9.4　海外留学・研修の事前指導として　186

第4部　体験編──一本貫く幹のある授業

はじめに　［三浦　孝］ 190
ある教え子からの手紙　［三浦　孝］ 192
まずはあら起こしから　［北島輝代］ 197
心を育てる授業を追求して　［田尻悟郎］ 203
北の離島の英語教育　［卯城祐司］ 212
「愛のある授業でがんばってください」［岩本京子］ 215

あとがき　［三浦　孝］ 223

第1部　理念編

英語の大空、教室の泉

第1部　理念編

理論編では、本書が目指す「豊かな英語教育」の原則を、下記の4項目にわたって考察したい。理論編の副題を「英語の大空、教室の泉」とした理由は、読み進めるにつれてご理解いただけると思う。

豊かな英語教育の原則:
1. 日本において真に意味ある英語教育
2. 生徒の方を向いた英語教育
3. 人を生かす英語教育
4. 人と人とをむすぶ英語教育

1. 日本において真に意味ある英語教育

1.1　教師にとっての英語教育の意味

1つの問いから始めよう、「あなたはなぜ英語を教えるのか？」。「英語教師だから当然だ」という答が返ってくるかもしれない。では想像してみよう、仮に英語が敵性語として禁止される時代が再び来たとして、それでもあなたは英語を教えようとするだろうか。それだけの魅力を英語に見出しているだろうか。そうだとしたらその魅力とは何か。こう問い掛けることによって、自分の英語学習観が見えてくる。当然それは、決まった答のない十人十色の学習観である。ある人にとってはマザーグースの魅力、ある人にとってはボランティア通訳の楽しみ、またある人にとっては語学検定試験へのチャレンジ、あるいは海外の大学院で学ぶ充実感かもしれない。

その答が何であれ、この問いに答えうる学習観を持った教師は、英語アイデンティティのある教師だと言える。思う存分にはばたく英語の大空を持ち、その大空に生きて、授業に舞い降りてくるのだ。もちろん授業では教えるべきことをしっかりと教えるが、その姿や言葉の中に、生徒は自分たちをはるかに超えた高みをかいま見る。「先生ってすごいなあ」という感嘆が、無言の感化となる。教師自らが、英語を学ぶことに個人的意味（personal meaning）を見出していることが、リーダーシップの源泉として必要なのだ。なぜ英語を教えるのか、この問いは、英語がもてはやされてい

1. 日本において真に意味ある英語教育

る時代であればこそ、一段と必要な自己検証である。

〈もう1つのドア〉

「それではあなたにとって英語を学ぶことの価値とは何か」と問われたら、筆者は「精神の自由」と答えよう。「学ぶことは精神の自由を獲得すること」、今から30余年前、哲学者古在由重氏の講演で聞いたこの言葉を指針として筆者は英語教育を生きてきた。

古在氏は戦時中、思想犯で指名手配中の知人を自宅に泊めたために逮捕され、長期間投獄された。はじめのうちはただの囚人扱いだったが、彼が英語に堪能で外国事情に詳しいとわかると、政府の要人がそっと尋ねて来ては文書の翻訳を頼んだり意見を求めるようになり、ついには「この戦争はいつまで持ちこたえられるか」とまで聞いてくるようになったという。捕える側と捕えられた者との関係がいつしか逆転していった。やがて日本が降伏して自由の身となる日まで、古在氏は獄中で自分の信念を曲げることなく耐え抜いた。その経験に立って氏は、「精神の自由を保つために、高い学問の力をつけなさい」と我々に教えたのだった。この話を聞いた日から、「英語を学ぶことは精神の自由を獲得することだ」が私の信念となり、年月を経るごとにその重みを実感している。

生徒には「英語を学ぶことは、もう1つのドアを開けることだ」とも説明している。人生を1つの部屋に喩えるならば、普通の部屋には日本語という1つのドアしか開いていない。しかし英語を学ぶことによって、部屋にもう1つのドアが開き、そこから新しい景色が見え、新しい風が入ってくる。部屋は部屋でもこの方がはるかに開放的である。仮に日本語のドアが壊れた場合でも、もう1つのドアを通って自由に出入りができる。今日では偉大な指揮者としてゆるぎのない小澤征爾氏が若かりし頃、その先進性ゆえにN響で総スカンを食らう事態に直面したことがあった。日本だけの視野で見れば、指揮者生命のピンチとも思われたその時、小澤氏はもう1つのドアを開けてヨーロッパに渡り、世界的指揮者への活路を見出した。ついには彼を放逐したN響が三顧の礼を尽くして彼を指揮者として迎えるまでになったのである。

第1部　理念編

　この2つの逸話は、思想信条の自由に外国語学習が果たす役割を示している。英語学習をそういう自由へとつなげてゆく、それが豊かな英語教育の原則である。

〈死の淵で支えた言葉〉

　星野富弘氏の詩画集を知らぬ人はあるまい。氏は中学教師として赴任して間もなく、体育館で空中回転を見せようとして頭から転落し、首から下が不随となって絶望の淵をさまよった。長い煩悶の末に、一輪の花に限りない生命を発見することとなり、絵筆を口にくわえてその生命を描き謳うようになった。氏の詩画には障害の有り無しを問わず、すべての人を励ます力がある。その星野氏が事故直後、全身麻痺、頭蓋骨牽引という猛烈な苦痛と孤独の中で支えとしたものは、実は言葉であった。

　　私は小学校の頃から詩が好きだった。詩らしきものを自分でも書いたこともあった。高校時代、有名な詩人の作品もずいぶん読みあさったこともあった。なかで、萩原朔太郎や三好達治、立原道造、それに漢詩を、数篇諳んじていた。それは、今の私にとって、自らの内から出てくる唯一の力となった。私は覚えているかぎりの詩を片っぱしから、心の中でなん回もなん回も飽きることなくくり返した。するとどうだろう。あれほど眠れなかった夜なのに、いつの間にかおだやかな眠りにつくことができた。(星野、1981、p.48)

　このような体験は、日本語に限ったものではない。苦難の極致にあって、意味ある言葉は人を支え、立て直す力を持つのである。若い頃に、このような意味ある言葉に出会わせること、これも英語教育の価値として忘れてはならない。もちろん、英語ならなんでも人を励ますというわけではない。それどころか流通している英語教材の中には、内容的に空疎なものが少なくない。「暗誦に足る内容的価値があるか」、「仮にそれが日本語で書かれていても読む価値があるか」と問うことによって、英語教材の内容的価値は識別できる。決して文学偏重の英語教材に戻れという意味ではない。教師がその気でいれば、意味ある言葉は随所に見つかるものだ。それを大切に集めることによって、教師のレパートリーは築かれてゆく。教え子の将来

のために、茨の道を生きぬく支えとなる言葉を贈ることのできる授業、それが豊かな英語教育である。

1.2 生徒にとっての英語学習の意味

生徒にとって意味ある学習とは、なによりもまず生徒の人間的欲求を満たしてくれる学習、とりわけ自己高揚欲求を満たしてくれる学習である。アメリカの心理学者 Ausubel (1968, pp. 368–379) は、すべての人間が持つ精神的欲求として次のものを挙げている。

need for acceptance and praise	人から受け容れられ、賞賛されたい欲求
need for collaboration	人といっしょに働きたい欲求
need for self-expression	自己を表現したい欲求
need for ego enhancement	自己高揚欲求（自己を高めたい欲求）
need for exploration	物事を探求・探検したい欲求
need for manipulation	道具や、機械や、言葉など、習ったことを操作したい欲求
need for activity	活動したい欲求
need for stimulation	退屈するのでなく、何か刺激を求める欲求
need for knowledge	もっと知りたい欲求

またカウンセリングの基礎を築いた心理学者 Rogers は、人間の欲求の頂点に「自己実現欲求」を挙げている。平たく言えば誰か理想の人物を見て、「自分もああいう人間になりたい」と欲する欲求である。

これらの欲求はすべての生徒の中にすでに「存在している」のである。これらはまさに、生きて行くことの中核をなす、非常に強いエネルギーを持つ欲求であり、誰かが止めようとしても止めることができない、こんこんと湧き出す泉のようなものである。さながらこの泉の蛇口にホースをつなぐように、教師がこの欲求を授業に導いてやれば、学習は非常に意味あるものとなる。まさに、このような条件下では周囲がたとえ止めさせようとしても学習者は断固として学習を続けるであろう。豊かな英語教育とは、そのようなものである。その実例を *35 Years Ago* (藤原、1995) の主人公に

見ることができる。その英文物語の要約をコラム 1 に記す。

コラム 1： 英語で自己を立て直した少年

　藤原少年は 17 歳の時にふとしたはずみから殺人を犯し、懲役 7 年半の刑を受けて少年院に収監された。喧嘩早く、抑制のきかない性格のため、他の少年とトラブルが絶えず、院内でたびたび大乱闘事件を起こして相手に大怪我を負わせてしまう。そのたびに懲罰として手足を縛られて独房に閉じ込められた。ある時、独房で荒れ狂って疲れ果てた耳に、中学 1 年生の英語教師の声が聞こえたような気がした。それは彼の英語の発音を誉め、よく教科書を朗読させてくれた若い美しい先生だった。

　翌年、教師が替わって授業はむずかしくなり、彼は落ちこぼれて学校から脱落してしまうこととなった。

　少年院で自暴自棄な野獣のような状態にあった彼が、さながら地獄に垂れる一本の救いの糸をつかむように、中 1 英語の思い出にすがって、見事に自分を立て直すことになるのである。翌日から彼は寸暇を惜しんで中 1 英語の勉強に没頭し、さまざまな困難に出会いながら独学で中学英語を終了し、高校英語へと進む。他の少年から挑発やいやがらせを受けても、「英語の勉強から片時も離れたくない」ために我慢し、徐々に自分をコントロールするようになっていった。厳しい消灯時間、びっしり組まれた訓育や工場実習など、英語学習に不利な条件をものともせずに寸暇を惜しんで勉強し続けた。7 年半後、模範囚として出所した彼はトラック運転手やタクシー運転手として働きながら猛勉強を重ね、ついには外資系合弁企業の通訳として採用されるに至ったのである。この話は実話であり、藤原氏は今も立派な市民として健在である。英語を学ぶことは 1 人の人間にとってこれほどの価値を持ちうるものである。

　すべての生徒が、「今よりもっとましな人間になりたい」と願っている。つまり、根源的な motivation は全員がはじめから持っている。だから授業を通じて、自分がもっとましな人間になれるという見通しを持ちさえすれば、生徒はおのずとその授業についてくる。先ほどの藤原少年は中学 1 年時には知識の欲求、承認の欲求を満たされ、英語教育と藤原少年の根源

的 motivation とがかみ合った状態にあった。しかし 2 年次以降は、授業が理解できないために知識欲求は満たされず、できないために叱責・非難されることで承認欲求は傷つけられてしまった。以後、授業は藤原少年の自己実現欲求とは断絶してしまったのである。藤原少年が学校をさぼり、グレて不良と交わり、ついには殺人を犯すに至った遠因の 1 つは、ひょっとしたら中 2 以降の英語教育ではなかったか。そして、長い回り道のあげく、少年を自暴自棄から立ち直らせたのも、別の形の英語学習であった。このことを考えると、英語教育というものは実に 1 人 1 人の生徒の自己をも左右する、大切なものなのである。

ご承知のように日本において英語は、English as a Second Language（生徒が学校を一歩出れば英語が実用に供されて飛び交っている状況）ではない。このような条件下で、生徒にとって意味ある英語学習とは、生活上の直接の必要（immediate needs）に応えるものではありえない。むしろ第一義的に自己高揚（ego enhancement）を与えるものでなければならない。いくら教師が自分の好きな英語の世界に羽ばたいていても、授業で生徒を置いてきぼりにし、生徒の自尊心をボロボロにしては、生徒は乗って来はしない。また、「英語コミュニケーション授業」を目指して、授業でどんなににぎやかに英語のやりとりをさせても、生徒の英語力を確実に伸ばしてやらなければ、生徒の根本的欲求に応えることはできない。

英語教育研究会などでよく「うちの生徒は英語学習の motivation がない」という発言が出るが、それはその授業が、生徒の自己実現要求と結びついていないからである。泉は湧いているのに、その蛇口にホースが結ばれていないのだ。生徒の自己実現・自己高揚要求をちゃんと満たしてくれる英語教育が、豊かな英語教育なのである。

1.3 自己防衛の英語

多くの日本人が海外旅行や海外留学に出かけ、英語を国際コミュニケーションの道具として使う時代が到来した。「英語力があれば海外を自由に歩き回り、友達を作れる」という発想はある程度当たっているが、問題はその「英語力」の中身である。当たり前の話だが、世の中のすべての人が善

第1部　理念編

人であるわけではない。どの国にも、犯罪者や悪質な人間は必ずいるし、対人的な行き違いもある。はたして今の日本の学校の育てる英語コミュニケーション能力で、犯罪や迷惑行為から自分を防衛できるだろうか。

現在流通しているほとんどの英語教科書には善人ばかりが登場し、いたって平穏無事な状況下で、型どおりのやりとりに終始している。このような教材で英語を勉強したのでは、予想外の事態やトラブルに対処する力は身につかないばかりか、あたかも外国が善人ばかりのパラダイスであるかのような幻想を与え、日本人がeasy target（いいカモ）にされかねない。海外渡航が大衆化した今日こそ、英語教育は甘い友好一辺倒の教育を脱皮し、現実を直視したtough target（犯罪者にとってカモにしにくい相手）の育成をも目指すべきである。

自己防衛の英語力養成の手段として、① 海外でのトラブルや犯罪の実例を知らせ、②「このような場合にどうやって切り抜けたらよいか」を生徒と共に考えることが必要である。こうして自分の利害と安全を守る指導こそ、自己尊重の教育の基本である。この具体的指導法については第3部指導法編の中で紹介する。

2. 生徒の方を向いた英語教育

〈「いのち」が見えているか〉

英語教育で、あなたには1人1人の生徒の中の「いのち」が見えていますか、その「いのち」に感激していますか？

クラスに40人の生徒がいれば、40の「いのち」が鼓動している。豊かな英語教育とは、そうした「いのち」の1つ1つを守り育てる教育である。

英語教育の「成果」を話題にするとき、ともすればこの「いのち」を見失いがちである。いやそれどころか、数ヵ月あるいは1年間という短い期間での成績の伸びだけで授業の成否を判断するごとき風潮の中で育った教師にとって、クラスはまるで家畜の群れにも等しい「実践対象」や「被験者集団」に堕してしまう恐れすらある。

2. 生徒の方を向いた英語教育

〈トモエ学園の校長先生の言葉〉

　いささか抽象的にすぎるこの説明を補うために、『窓際のトットちゃん』（黒柳、1981）という手記に登場する校長先生の話を引用したい。奇行ゆえに公立小学校を1年生で追放されたトットちゃんを受け入れた私立「トモエ学園」の校長先生は、トットちゃんを見かけるたびに呼び寄せて「君は、ほんとうはいい子なんだよ」と声をかけた。脱線してばかりのトットちゃんにいつもかけた言葉である。現時点では問題児のトットちゃんだが、校長先生はトットちゃんの「いのち」を見、「いのち」に向かって語りかけていたのだ。

　言葉には、いまだないものを構想し実現へと導くイデーの力がある。長い年月を経て、校長先生の言葉はトットちゃんを立派な人物に育てる力となった。英語教育も日本語教育も、言葉の教育として人を生かし、人の中にまだ見ぬ可能性を見、人と人とを結ぶものである。たとえ巷の言葉がそうでなくても、少なくとも我々が学校で教える言葉は、そういうものでなければならない。こういう理念が通奏低音として流れている授業が、人を豊かに育てるのである。

〈"I was 4,100 gram."〉

　筆者は大学を卒業してから23年間、高校で英語教師を務めた。実はその最初の12年間というもの、1人1人の生徒の「いのち」があまり見えていなかった。

　たまたま英語が好きで得意であり、大した苦労もなく英語教師になった。はじめのうちは正直なところ、英語で赤点を取るような生徒を、ワンランク下の人間と見下していた。授業中、理解の悪い生徒や、発音の下手な生徒、英語のできない生徒を見ると「いったい中学で何を勉強していたんだ」とさげすむ自分を脱却できなかった。

　そんなふうにして最初の3年間を商業高校、次の6年間を普通高校で教えた。「なんと言っても受験は英語が勝負ですから、頑張ってください」と校長・教頭や進路指導部からハッパをかけられるたびに、「どうせ受験の道具にすぎないさ」と反発を感じることが多かった。そんな時、予期せずし

第1部　理念編

て工業高校へ転勤になった。この学校へ行ってはじめて、筆者は授業で生徒の「いのち」をかいま見る機会を得た。この学校での授業については、本書でこれから何度も言及することになるが、13年という長期にわたって教え、筆者の教育理念と指導法開発の原点となった大切な学校であるので、繰り返しをご勘弁いただきたい。

その工業高校の2年土木科にTという生徒がいた。授業中に私語やよそ事が多く、教師に対する言葉づかいもぞんざいなので、私は彼が苦手だった。いつも授業に行く前から、Tのことを考えると気が減入った。たまにTが欠席していると、気分が軽くなって、授業が非常にやりやすかった。

ある時、そのクラスに "When I was a baby," で始まる文を完成させる課題を与えた時、Tが "When I was a baby, I was 4,100 gram." と書いたのが目にとまった。「めずらしいなあ、よく自分が生まれた時の体重を覚えていたね」と言うと、Tはニコッと笑った。Tはこれまでに暴力行為で3回謹慎を受け、退学すれすれの粗暴な生徒だった。放課後、Tの担任に彼の英文の話をしたところ、「Tの母親は彼が中学1年生の時に病死した。父親はTの面倒を見ず、酒癖が悪い。Tが悪くなったのはそれからだ」と知らされた。4100グラムは彼にとって、亡き母と自分を結ぶきずなの数字だったのだ。これまで授業をかく乱してきたTへの反感は消え、私は急にTが好きになれるような気がした。

大したテクニックがあったわけではない。"When" を練習させる時にふと、「生徒は何を考えているのだろう」と考えて指示しただけである。ところが、ちょうど泉を掘り当てたように、生徒のやさしさや偉さが湧き出してきた。まさかそれを工業高校の英語教育で実現できるとは思ってもみなかった。

Tの "When I was a baby, I was 4,100 gram." が筆者のTに対するわだかまりを氷解させたのを経験してはじめて、筆者は言葉の持つパワーに気がついた。そこから振り返ってみた時に、過去の自分の授業がいかに空しかったかがわかった。自分は授業目標や教科書の奴隷となり、生徒をその道具にしていたのだ。その中で、生徒の「いのち」を見失うと共に、自分自身の「いのち」も授業から締め出していたのだった。

〈教室は宝の山だ〉

　教師が指導計画の達成や教科書の消化、指導技術の試行や実験研究を行うことは、授業の道具としてもちろん必要なことである。しかし、そうした道具は、生徒を授業から alienate（疎外）する危険を常に内在していることも忘れてはならない。道具が授業の主人公となり、主人公たるべき生徒が道具の地位に堕してしまうことがよくある。

　「生徒はどう思っているだろうか」... これだけの工夫で授業は変わる。教師がまともに生徒に目を向けるならば、教室はまさに宝の山である。40人の生徒がいれば40通りの知識、経験、アイディアが存在する。教師を合わせて41通りにもなる。これを引き出し、交流するために英語を使えばいいのだ。教え込もうとしなくても、教師が気づきさえすればその子が生きる、そういう素晴らしいチャンスが、英語教育には満ちているのだ。

　「いままで注入式の授業しか経験したことがなく、生徒の方を向いた授業のやり方がわからない」という人には、英語個人面談をすすめたい。7月や12月など期末試験後に、比較的自由な授業を行える時期がある。そういう時に、クラスには練習問題など指示しておき、1人ずつ教室の後ろに呼び出して5分ほど英語で小声で対話してみるとよい。過ぎた学期の感想、夏休みや冬休みの計画、最近見た映画など、話題は豊富にある。生徒は一斉授業の時とは違って、実にリラックスして対話に応じてくる。教師が自然と生徒の方を向くことができるようになる。

3. 人を生かす英語教育

　豊かな英語教育とは、人を生かす教育である。「生かす」とは、さながら芽生えた苗に、水と日光を注ぐように、健やかに伸びるのを援助することである。こう書くと、「当たり前のことを言うな」という返事が返ってくるかもしれない。だが、具体的にどのようにして、英語教育が人を生かすのか、と問われると、はたとわからなくなりはしないか。人を生かす授業とは、教師が授業で「人間形成」を説教したり、人間形成を謳った教材を使うなどして、「観念」を注入することではない。なぜなら、教師が授業をさ

ておいてお説教をするのはあくまでも脱線にすぎないし、教材内容を「人間形成」に限定することは学校教育では不可能である。

3.1 竹ペン授業の逸話

この疑問にヒントを与えたのが、土屋伊佐雄氏の『明日の英語教育』である。土屋氏はこの中で、竹ペン授業をたとえにして、英語教育が「プロセス」として人間形成に寄与すべきだと説いている。少し長いが、この竹ペン授業の逸話は非常に示唆に富むので、コラム2に全文を引用する。

コラム2: 竹ペン授業の逸話

美術科の指導主事と，ある中学校を訪問した時のことである．大学を定年退官され，嘱託の指導主事であった老先生は，あるクラスの最前列の女の子の前に立ったまま動こうともしない．竹べらの先にナイフで切り込みを細かく入れた，いわゆる竹ペンに墨をつけ，女生徒は描画の最中である．老先生は，腕組みをしながら，しばらくその作業を見つめていたが，やがて，その女生徒に声をかけた．「あんた，立ってごらん」女生徒は整った顔に困惑の色を浮べて，老先生を見上げた．先生は委細かまわず立たせたあと，「さあ，こんどは竹ペンのもっと上を持ちなさい．」と指示した．いかにも賢そうな女生徒は，エンピツを持つような手つきで竹ペンの下の方を握っていたが，言われて恐る恐るほんのわずかその手を上にあげた．「もっと，もっと，上の方を」女生徒は呪文にかかったように，竹ペンの中程を持った「そう，そう．こんどは，墨をたっぷりつけてごらん．もっと，思い切って，たっぷりと．そう．さあ，立ったまま，これで描いてごらん．」

あとで分ったことだが，先生は，この女生徒の絵が余りにおとなしすぎる．せっかくの竹ペンに墨という道具立てだが，エンピツを持って字を書くように，竹ペンにほんのわずか墨をつけ，竹ペンの下の方を持ち，その握った手や肘を机にくっつけたまま，ゆっくりと同じ速さで，同じ勢いで，同じ太さの線を画用紙の上にかいているのに注目して，これを改めさせるために，いろいろと指示を与えたのだった．しかし，先生の忠告にもかかわらず，女生徒は以前と同じように，同じスピードで，エンピツで字でも書くように，同じ太さの線をゆっくりと画用紙の上に描いていった．

3. 人を生かす英語教育

> 先生はやがて女生徒に坐るよういい，「今わたしが言ったことを時々思い出しながらやってごらん」と，言い残して，教室を出た．
> 　私は，廊下を歩いてゆく先生を引き止めて，伺ってみた．
> 「先生，なぜ，あのような指導をしたのですか」
> 　先生は笑いながら，「あの子はいい子だ．真面目で几帳面な性質のいい子だよ．きっと，成績もいいだろう．しかし，おとなしすぎるな．あれでは絵は描けない．製図だよ，あれは．だから立たせて，たっぷり墨をつけさせ，エンピツを持つような手つきを変えさせて，勢いよく描くことを教えたかったんだ．でも，まだまだ出来んだろうな，あの子がもう少し思い切りがよくなるには，まだ，まだだよ．それだけ，あの子はおとなしい子なんだね．」
> 　私は，さらに続けた．「あの子が，墨をたっぷりふくませて，強弱をはっきりつけて描けるようになることは，あの子が変わるということなんでしょうか」先生の答は明瞭だった．「そうだよ．だから，美術は教育なんだ」
> 　　　　　　　　　　　　　　　　　　　（土屋、1982、pp. 28–30）

筆者は、この逸話の中で素晴らしい部分が2つあると思う。1つは「そうだよ、だから美術は教育なんだ」の部分である。教科を通して人を育てる観点が見事に表れている。もう1つは、「『今わたしが言ったことを時々思い出しながらやってごらん』と、言い残して」という部分である。ここに、今の生徒に向かって語りながらも短期的結果論に終始するのでなく、後々の生徒に向かって語りかける教師の姿がある。

　この本の中で土屋氏が指摘した、これまでの日本の英語教育の問題点を、筆者なりに要約すると次のようになる。

　これまでの英語教育は、「英語をマスターしたらこんなに良いことがある」という論法で英語学習の利益を説いてきた。しかし、英語をマスターできる者は英語学習人口のごくわずかにすぎず、大部分の者はマスターに至らずに学習を終了する。このような大多数の人にとって、上記の目的論は絵に描いた餅にすぎない。

　初等・中等教育における各教科は、学習プロセス(過程)を通じて人間形成を促し、思考や文化を創造する力を養うために学校教育に組み込まれて

第 1 部　理念編

いる。しからば、3ヵ年あるいは6ヵ年で学習を終了し、マスターに至らない大多数の生徒のために、英語教育はどのような人間形成、思考・文化形成力を保障しているであろうか。しかもそれをお題目ではなく、授業過程・学習過程の中にどのように具現化しているであろうか。（土屋、1982、pp. 26–35）

　土屋氏はこうして、英語教育がその授業プロセスを通して人間形成に貢献する必要を指摘し、その具体的プロセスの構築を、読者に呼びかけた。筆者はこの本に出会ってからの19年間、この問いへの答をずっと探しつづけてきた。そして、他の多くの先生方の優れた実践や自分の体験から、英語科の場合、その答が授業で用いるアクティビティにあることがわかってきた。「あの子が、○○できるようになることは、あの子が変わるということなんでしょうか」先生の答は明瞭だった。「そうだよ。だから、英語は教育なんだ」こう言える英語教育が、人を生かす英語教育である。それをまとめたのが本書の第2部「実践編」と第3部「指導法編」である。

3.2　教師をも生かす授業

　人を生かす英語教育とは、同時に教師をも生かす英語教育である。教師＝教える人、生徒＝学ぶ人という構図では、教師人生はひたすらに放電するばかりの毎日である。放っておけばやがて教師は枯渇し硬直化の一途をたどる。始業のチャイムが鳴るたびに「あ〜あ、また授業かぁ〜」とうなだれて、重い足取りで教室に向かう教師、こうした教師にとって、授業は何も得るもののない面倒な苦役にすぎなくなっている。

　教師には常に蘇りが必要である。その蘇りとは、教員研修を受けるとか指導法を学ぶといった形式的なことよりもまず、目の前の生徒から学ぶことによって可能となる。ただしそれは「何か学んでやろう」という打算的なものではなく、生徒1人1人が自分にはないすばらしい宝を持っていることに気づき、それに対して自然と頭が下がる関係を言うのである。このことを、筆者の経験から物語ってみよう。

3. 人を生かす英語教育

〈目からうろこが落ちたとき〉

「〇〇組はどうしようもないな」「幼稚園以下だよ、あいつら」「△△のやつ、教科書もノートも持って来ない」、授業が終わった職員室は、そんな教師たちの言葉で充満していた。1981年、筆者の勤務した高校でのことである。生徒の荒れが頂点に達し、つっぱり集団が学校をのし歩き、暴力、いじめ、反抗が多発していた。授業では、勝手に席を離れて大声で私語を交わす者が現れ、注意すればくってかかり、授業を始められなくする。私語はもはや生徒全体に広がり、英文読みのリピート練習にも返ってくる声は皆無だった。

筆者ははじめこの荒れに、徹底的な締め付けで対処しようとした。毎回小テストと教科書所持検査を行い、定期考査の問題をむずかしくし、私語や座席移動を減点し、落第の恐怖で生徒を屈服させようとした。こうして「大荒れ」の3年生を卒業させたあと、振り返ってみればあまりにも空しかった。難解な文法事項や単語の山を、消化できないと知りつつ押し付けたにすぎなかった。不快感に歪んだ生徒の顔、授業を重ねるたびに離れていった生徒と教師。同級生同士が罵倒しあい、いじめ、憎み合う「荒れ」の中で、私の英語教育は彼らに何の救いもうるおいも与えはしなかった。

その時思った、「言葉は人と人とを結ぶもののはずである」。それが逆に人と人との間を断ち切るとしたら、いったい何のための言語教育だろう。その時の教材にも、筆者という教師にも、文法訳読という指導法にも、現実の人と人を結ぶ力はなかったのだ。

「本当に語り合うために英語を使おう。自分が今一番訴えたいことを、生徒に英語で話し、生徒はどう思っているかを英語で聞こう」そう決心した。語りたいことは山ほどあった。さっそく、「いじめ」「電車内暴力」「恋愛」「良い職業とは」「良い学校とは」をテーマとした小話を英語で書き、それに意見表明用の選択肢を付けて教材とした(この時の教材の実例を第3部の8に載せる)。

この方式の授業では、生徒からずいぶんいろいろなことを教わった。「恋愛」をテーマにした授業では、片思いの相手に第一声をかけるさまざまな工夫を、「音楽」では自分の知らなかった英語の名曲の存在を、「幼年時代」

では出生時の体重の文でT君を見なおした、「夏休みの思い出」では自転車で1ヵ月かけて豊橋から九州へ旅行してきた生徒の体験を知ることができた。1つのレッスンを経るたびに、生徒と私の距離が近づいていくのがわかった。

　これらのことを教えてくれたのは、英語の得意な生徒ばかりではない。すべての生徒が、私にはまねのできないユニークな体験、知識や性質を持っていることがわかってきた。そうして生徒と接していると、その年頃の生徒の持つやさしさやユーモアが伝わってきて、みずみずしさにハッとさせられた。それまでは見下していた生徒たちが、実は本当に偉い人たちだということがわかり、目からうろこが落ちる思いがした。自分の中にあった、できない生徒への反感や、教えることへの虚無感は、こうして氷解していった。

　「生徒から学びたい」と願う教師にとって、外国語という一種仮想的 (fictitious) なコンテクストは絶好のコミュニケーション環境となる。筆者もよく高校生たちと、"Do you ever smoke?"とか、"Which boy is the most handsome in your school?"などといった、日本語では話しにくい事柄について話しあったものである。Code switchingという用語が社会言語学にあるが、これなどもその一種かもしれない。

4. 人と人とを結ぶ英語教育

4.1 From Ice to Flowers

　アクティビティを1つ行うごとに、教室の相互理解が深まるようにアクティビティを工夫すること、これが人と人とを結ぶ英語教育の原則である。時には、非常に内部の人間関係の悪いクラスを教えることがある。クラスのメンバーがお互いを信用しておらず、1人1人が自己防衛のタコ壺に隠れている。英語授業でいくら生徒と対話しようとしても、返事は返ってこず、ペアワークやグループワークにものってこない。英語教師にとってははなはだやりにくいクラスである。こんなクラスを受け持った教師も悲しいが、

それ以上に、こんなクラスで暮らさなければならない生徒はさぞ辛かろう。

　筆者はそんなクラスは、筆記によるコミュニケーションから治療を始めることにしている。1回の授業につき1文、文型か書き出しを指定して、思い思いに英文を作らせる。例えば "... is my best friend." という文型を与え、それに "My soccer ball is my best friend." "The ocean is my best friend." のように、人間以外のものを記入させる。それを回収し、1人1人に positive なコメントを書き入れて次回に返却する。こうすれば、冷え冷えとしたクラスの中でも、せめて生徒個人と私とのコミュニケーションは図ることができる。

　やがてそのクラスから、他の生徒の作品が見たいという声が高まってきたら、他人の作品をけなしたりしないよう念押しした上で、名作をいくつか紹介したプリントを配る。こういうクラスには、野次や罵倒によって他人の発言を封殺しようとする者がいることが多い。そのために誰もものを言いたがらないのだ。プリントを配ってもし他人のこき下ろしを始める者が出たら、「この授業では誰もが安心して発言する権利がある。こき下ろしは、人の発言権を侵すもので、断じて許すわけにはいかない」と批判する。多くの生徒から、教師は無言の支持を得ることになる。ここまで来れば、英語で明るく対話できるクラスまではあと一歩である。これまでに何度か、冷え切ったクラスがこのようにして対話できるクラスへ変わってゆくのを見てきた。英語教育は集団関係をも治療できるのだ。筆者はこの作用を "From ice to flowers." と勝手に名づけている。

　今日の生徒は、非常に限られた人間関係の中に暮らしているようである。筆者の教えた高校生たちは、1クラス40人いても、そのうちの6～7人としか日常的に言葉を交わさないと言っていた。人は、相手について何の情報も持たないうちは、その相手が単なる怪物にしか思えないものである。英語のアクティビティを通じて、相手がどこに住んでいて、どんな音楽が好きで、何が得意か、などといった情報を蓄積することによって、そんな相手も1人の人間だとわかってくるものだ。仮に相手を好きになれなくても、必要ならば共に働くことはできる、そういう関係を、こういうアクティビティは育てることができる。

4.2 表現の魅力を高める英語教育

　英語教育でのコミュニケーション能力育成が強調されている今日だが、伝達のメッセージ内容のみに気を取られて、表現の魅力を磨くことを怠ってはいけない。話し手に魅力があればこそ相手は耳を傾け、聞き手に魅力があればこそ話し手は話す気になるのである。

　ところが、授業で生徒同士が英語でコミュニケートする活動を見ていると、多くの場合生徒の発話にいまひとつ魅力がない。端的に言えば「人間を相手にした聞き方・話し方になっていない」のだ。具体的には次のような傾向である。

(1) 相手に聞いてもらおうという配慮が足りない：抑揚やストレスのない小さな声で早口にもぞもぞと、相手の方を向かずに、ただ自分が言いさえすれば、相手に聞こえなくても事足りる、といった話し方。または、スピーチやディベートで百科事典などで調べた難解な英語を、クラスメートに理解してもらうための工夫なしにまくし立てる。

(2) 相手の言うことを是が非でも聞き取ろうとする姿勢がない：相手に (1) のような話し方をされて、聴き取れていないのに聞き流して、淡々と自分のせりふを話し始める。課されたセリフをとにかく言い終わればいいという態度。

(3) 声の調子や表情など、自分の表現の魅力づくりに無関心である：平板で退屈な話し方に終始する。魅力的、効果的な話し方を工夫しようという姿勢がない。

　さて、これは大変残念な傾向と言わねばなるまい。相手に聞かせる配慮もなく平板で退屈な話し方が定着し、おまけに聞き手に聞く姿勢がないとしたら、アクティビティはただの喧騒、時間の無駄にすぎないのではないか。いきおい、昔の文法訳読の方がまだましだという声も出て来よう。

　これは、生徒同士が英語でコミュニケートする本当のニーズが教室に作り出されていないことも原因の1つである。ただしこれは本書のテーマか

ら離れるので別の機会にまわし、ここでは積極的にコミュニケーションを図ろうとする態度の育成に関わる「表現の魅力作り」と「良い聞き手作り」に焦点を当てたい。この2つができるようになれば、英語だけでなく、日本語の世界でも、もっと人に好かれるようになること間違いない。そういうトータルな魅力作りの一環として、英語表現を指導する原則を以下に述べる。

〈相手に聞いてもらう工夫をしよう〉

　話し手には、相手に聞いてもらうための工夫が必要である。その工夫の基本とは：
(1)　Speaking の方略 (strategy) を駆使する。
　　① 顔を上げ、相手の方を向いて、アイコンタクトをもって話す。
　　② 話すメッセージの中の、相手にどうしても聞かせたい部分を大きく、ゆっくりと発音する。
　　　例： I am in the **SEV**enth **GRA**de at **KO**-ji-**MA**chi **HI**gh school.
　　③ 相手が自分の話についてきているかをチェックする。
　　　"Are you following me?" / "Is it clear?" / "Can you hear me?"
　　④ 聞き手の注意をひきつけるために名前を呼びかけたり、簡単な質問をしたり、挙手を求める。
　　　"I belong to the calligraphy club. Do you know calligraphy, Kenji? Okay. Now, who likes calligraphy? Please raise your hand."
(2)　言葉に気持ちを込めて話す。
　　① 同じ表現にさまざまな感情を込めて言い分けられるようにする。例えば同じ "Congratulations!" でも、「親友の結婚を心から祝して」「相手は合格、自分は不合格、ねたみの気持で」「商店街の福引世話係が、1等を当てた人に向かって」など言い分ける。これには Richard Via が考案した Talk and Listen の手法が有効である。詳しくは第3部 4.1 で紹介する。
　　② 自分の表現力を客観的にチェックし、磨きをかける。例えば

第1部　理念編

"Hi!" の一言でも、鏡に向かっていろいろな表情を試してみて、最も魅力的な言い方に気づかせる。また、英語で対話している様子をビデオに録画して本人に見せ、改善点に気づかせる。

③　生徒同士で、互いの表現力の良い点を指摘しあう。例えば活動後に「あなたに最も気持の良い "Hi!" を言ってくれたのは誰でしたか?」と問いかけていく。

〈良い聞き手作り〉

　良い聞き手作りには ① 共感的傾聴訓練と ② フィードバック表現の駆使が有効である。この2つの態度がどれほど重要かは、その逆を行ってみればすぐにわかる。自分の言ったことに冷淡に反応されたり、何のフィードバックも返って来なければ、話者は話すこと自体をやめてしまう。したがってこの態度の育成は、英語のみならず日本語のコミュニケーションにも大いにプラスになる。

　上記①の訓練法としては縫部(1985)によるActive Listeningの手法がある。共感を持って相手の言葉を受け止める受容的態度を育てる訓練である。②は話者を励ますためのフィードバック表現を教え、使いこなせるよう訓練するものである。この2つの具体的方法については第3部指導法編セクション4で紹介する。

まとめ

　以上のように、豊かな英語教育の理念を4つの観点でまとめてきた。英語教育の中に、未来への明るい希望、精神の自由、人間的な温かみ、生きるたくましさを感じられたことと思う。教師にとっても生徒にとっても、英語の大空はいま目の前に広がっているし、教室に知恵と心の泉はこんこんと湧いている。それに気づいた教師と生徒にとって、英語教育は胸はずむ創造の喜びとなる。

〈引用文献〉
黒柳徹子 (1981)『窓際のトットちゃん』講談社

土屋伊佐雄 (1982)『明日の英語教育』明治図書
縫部義憲 (1985)『人間中心の英語教育』ニューベリハウス出版社
藤原仁 (1995)『35 years ago』セト・インランド・タイムズ
星野富弘 (1981)『愛、深き淵より』立風書房
Ausubel, D. A. (1968) *Educational Psychology: A Cognitive View*. New York: Holt, Rinehart & Winston.

第2部　実践編

心を掘り起こし、集団を育てる

第 2 部　実践編

1. 英語教育という窓を通して何ができるのか

1.1　ある卒業生からのメッセージ

> 読者のみなさんへ
>
> 　　　　　　　　　　　　　　　　　　　　金井郷子（金沢大学 4 年生）
>
> 　中嶋先生が授業の一番初めに言われたことばを、私は今でも鮮明に覚えています。"I am a magician. I use magic. You will like English. Trust me." 低い声でした。自信にあふれていました。その時、私は見事に魔法にかかってしまいました。
>
> 　Hello, nice to meet you. 唐突な始まりで失礼しました。しかし、私は中学時代を特徴づけるあの英語の授業を思い出すと、今でもこんな風に熱く語らずにはいられないのです。私が先生に英語を教わったのはたった 2 年間。それもずいぶん前の話になりました。しかし先生に出会えた幸運は、今も私を支え続けてくれています。
>
> 　今、私は医学生として勉強を続けています。きっと、読者のみなさんは、この文章を「できのよい子、勉強が得意な子」の書いたものとして読んでおられることでしょう。
>
> 　でも信じてもらえるでしょうか。中学 1 年生の時の私、中嶋先生に出会うまでの私は、英語が大の苦手でむしろ「勉強のできない子」でした。「何点満点？」と聞かれてしまいそうな点数の答案は、間違いをペンで直すためいつも真っ赤でした。試験のたびにもらう訂正課題で、夜は寝る間もありません。少しずつ授業についていけるようになりましたが、それでも自分が英語をわかっているとは思えませんでした。しかし、2 年生になり何かが変わりました。魔法です。相変わらず英語はわからない、けれどもなぜか楽しいのです。予習も訂正課題 (相変わらずもらっていました) もついやってしまいます。ペア学習、グループ学習で親しい人がどんどん増え、教えあい、尋ねあうことができます。友だちや ALT の先生と英語でどんどん話し、英語で文章を書いていると、英語なんてちっとも怖くなくなり

ました。1人では訳しきれない長い英語の歌も、グループで手分けすれば訳せます。意味がわかれば歌うのはもっと楽しくなります。英文に慣れてくると、友だちの作った詩も読めるようになりました。楽しいことがどんどん増えて、気がつけば3年生でした。

　受験勉強をしたという記憶なんてちっともありません。3年生の時の私は、卒業記念文集づくりに一生懸命でした。気がすむまで書き直し、考え、ALTの先生に英文の修正をしてもらいました。授業中は、先生が英語で話されるお話を一言も聞き漏らすまいと必死に聞きました。その内容についてグループで、クラスで思ったことを話し合えば、聞き取れなかった部分も理解することができました。仲間がいたからできたことです。私たちは頑張りました。英語に大きな時間を費やしました。でも、誰もが気づいていました。中嶋先生は、そんな私たちよりもさらにずっと忙しく活動し続けていたことに。そして、先生が私たち生徒をすごくよく見ていたことに。入試を前にして、私は知りました。中嶋先生の magic が完成していたことを。むずかしいことなど何もありません。能力は十分についていました。しかも、手元には「できるわけがない」と思っていた卒業文集が、きれいな装丁になって残っていました。「なせばなる」そんな自信が形になったのです。

　高校に入り、卒業し、大学生になった今でも、まだ magic はとけません。英語の論文を読み、留学生や外国人観光客(なぜかよく話しかけられます)と話すときに、英語に抵抗感がないことがどんなに役立つか知れません。まして、社会を見る目や培った自信、たくさんの友人たち...英語の授業で得たものは、これからもずっと私の心の支えになってくれることでしょう。私は、私の great magician に心から感謝すると共に、この本を読まれた新たな magician たちが、その magic で生徒に英語を楽しませてくださる、そんな素敵な未来を願わずにはいられません。

私たちは、英語を通して何を育てているのだろうか。この第2部の実践編で、読者のみなさんとご一緒に考えてみたい。

1.2　3つの荒れを乗りこえて

(1)　みなさん、校内暴力を起こしましょう！

読者のみなさんは、授業がなかなか成立しない、学校が荒れたという経

験がおありだろうか。筆者の勤務した中学校は3校ともみな荒れた。

最初の学校では、シンナーを「アンパン」と呼び、常習的に吸っている生徒たちがいた。シンナーやトルエンを盗み、みんなで分けてパーティをする輩もいた。ぞっとしたのは、自転車に乗りながら、空き缶にシンナーを入れ、それを口にくわえて登校して来た生徒がいたときだ。完全に目がうつろで、支離滅裂なことをわめいていた。顔は青ざめていた。取り押さえた教師の形相は今も忘れられない。

教師たちは、当たり前のように生徒を殴った。いけないこととはわかっていても、力でしか解決できないと思った。殴られた生徒はその時はおとなしくなる。それで解決したと思った教師たちは、後で強烈なしっぺ返しを食らうことになろうとは予想もしなかった。

ある日、校内放送で、生徒会の役員が「みなさん、校内暴力を起こしましょう」と呼びかけた。ガタガタと何かが崩れていく予感がした。

毎日のようにいたずらで火災報知器が鳴らされた。あわてて廊下を走る教師を見て、ほくそ笑んでいる生徒たち。あちこちにつばや痰をはく。タバコの吸い殻を捨てる。アッという間にトイレが汚くなった。

中には、長らんの学生服を着込み、裏地には登り龍のデザインのある生徒もおり、威嚇のためにナイフを所持する生徒もいた。ある時、対立する隣の中学校をしめようと、木刀やチェーンをもった20人の生徒が自転車で向かった。教師があわてて車で追いかけたが間に合わず、ボコボコにされて、けが人が多数出た。ハイヒールのかかとで頭を殴られ、頭が陥没した生徒もいた。修羅場だった。教師は自分たちの無力さを痛感させられた。

また、生徒同士が喧嘩になり、それを止めに入った教師が逆につるし上げられた。教師たちは学校に来るとジャージに着替えて、いざというときに備えた。そのうちに、教頭先生が空き教室に連れて行かれ、取り囲まれて土下座させられるという事件が起きた。野次馬も数多く集まっており、助けに走った教師集団と大勢の生徒たちとがにらみ合った。

1階の廊下では自転車レースが行われたこともあった。授業中は、自由に教室を出入りする、集団で廊下を徘徊しているということもしょっちゅうだった。時には、休み時間に自分たちでラジカセを持ち込み、音楽をかけ

て教室の後ろで踊る生徒もいた。万引きや自転車・バイクの盗難等が日常茶飯事のように起きた。

　心身共に疲れ果てて、年休をとろうと何度思ったことだろう。ある日、重い足取りで学校へ行くと、学年の教師8人のうち5人が年休を取っていた。それだけ追いつめられていた。

　こうして「楽しい授業をして、英語を好きにしたい。心を育てたい」という理想を胸に中学校の門をくぐった青年教師の夢は砕け散った。

　もう受験指導しかない、テストで生徒をひっぱるしかないと居直った筆者は、教科書や文法の説明に力を入れるようになった。当然、教師主導型の一斉授業で説明口調の授業となる。生徒たちの心は、だんだん筆者から離れていった。

(2)　奥住氏との衝撃の出会い

　荒れたクラスや学校にいると、元気が吸い取られていくような気持ちになる。朝起きてはため息、廊下を歩いてはため息、授業開始のチャイムを聞いてはため息が出てくる。生徒指導に追われて、学校を出るのは夜9時を回った。同僚と遅い食事をとりながら、いやなことを忘れようと深酒をする。アパートに帰り死んだように眠る。いつのまにか、教材研究がおざなりになっていった。

　そんなある日、隣の学校に異動して来られた奥住公夫先生の授業を見る機会があった。今考えると、その出会いは運命だったように思う。最初は、あまり気乗りしなかったのだが、授業を見ていて頭をハンマーで殴られたような大きなショックを受けた。

　生徒たちが、実に生き生きと自己表現をしていたのである。

　奥住先生は決して生徒を叱らない。むしろ温かく包み込んでいく。生徒へのことばかけ1つとっても、筆者のように否定するような言い方、あらを探すような言い方ではなく、思わず元気が出るような言い方であった。授業を参観しているだけで、教室の中がとても居心地よく感じられた。衝撃だった。何もかもが、筆者の目に新鮮に映った。

　「自己表現」は、こんなにも授業をみずみずしくするのか。今まで遮二無

二やってきた授業は、一体何だったのだろう。その頃の筆者はテストの平均点を同僚や他の学校の平均と比べて、一喜一憂していた。これでいいのだと思っていた指導法は、解き方のノウハウを教え込もうとするものだった。そこには生徒1人1人の考えや驚きなどは存在しない。力で押さえ込もうというものである。筆者は、自己防衛のために生徒を威圧していたのである。

しかし、目の前で展開されている授業では、生徒同士が確かに心を通い合わせ、ともに英語を学んでいる。間違えた生徒たちでさえ、楽しそうに笑っているではないか。

ふと遠い昔の記憶がよみがえった。友と一緒に楽しく学んだ授業。そんな授業を夢に描いて教師になったのではなかったのか。

もっと生徒の目がきらきらするような授業がしたい。教え込むのではなく、生徒たちが自ら意見を言い、それを関わらせて互いに気づきあえるような授業がしたい。筆者の胸は熱くなった。

だが、やり直そうと誓った筆者の身体には、「自分は教師だ。なめられてたまるか」という思いが染みついてしまっていた。それが、さまざまなところで頭をもたげた。ムッとすることが何度も出て来た。なかなか思うような授業ができなかった。何度も挫折しそうになった。

しかし、あきらめずに地道に英語の歌や自己表現活動を続けた結果、少しずつ生徒たちの心が開いていった。本当に変わったのは、英語のペアを決めて「ペア学習」(拙著『英語のディベート授業30の技』参照)に取り組んでからだった。

(3) 筆者を変えた2人の生徒のペア学習

それまで、筆者は生活班で座席ごとにペアを組ませていた。ゲームやテストの答えあわせをするときに、よくペア活動を使った。誰と誰が組んでいるかということよりも、筆者の関心は時間どおりに進めること、その日のノルマをこなすことにあった。ペア学習はあくまでも、授業のアクセントだったのである。

いつもは窓のところでボーッとペア学習を見ているのだが、その日はた

1. 英語教育という窓を通して何ができるのか

またま机間巡視をしていた。これも運命だったのだろう。生徒たちは、テストの答えあわせをしていた。その時、ふとこんな会話が聞こえてきたのである。

「英語ってむずかしくて。よくわかんないよ」
「どこ？　一緒に勉強しようよ」
「なんで『学校に行く』が I am go to school. では×なの？」
「だって am は何動詞？」「be 動詞」
「go は何動詞？」「えっと...」
「一般動詞でしょ」「ああ、そうそう」
「おかしいと思わない？」「え？　なにが？」
「じゃ、動詞を△で囲んでみなさいよ」「△が2つある」
「1つの文に動詞はいくつあればいいの？」「1つ？」
「そう。ピンポーン。じゃ、いらないのはどっち？
　I am school. が正しいの？　それとも I go to school.？」
「あっ、そうかあ。わかったあ！」（2人で拍手している）

偶然、仲のよい女の子同士がペアになり、しかも2人には学習差があったのである。1人は英語が得意で、1人は苦手。幼なじみの彼女たちは、なんとも和気あいあいと、しかもあっけらかんと点数を見せあって話し合っていたのである。

　一方で、隣のペアは単に答を言い合っていた。

「答はア、エ、イ」「ふうん」
「じゃ、次行くよ。次の答は C」「えっ、C なの？　B にしちゃったあ」
「惜しい！」

　この差は何だ？　さっきのペアは、どうしてあんなに楽しく話し合えるのだ。その時、ハッとした。そうか！　ペアを仲のいいペアにすればいいんだ。そして答を言わないで、どうしてそうなるのか気づけるようにすればいいんだ。ソシオメトリーを使って相手をお互いが選んだペアにしよう。そしてみんなを自立させるんだ！

29

その日から、筆者は試行錯誤で独自のペア学習に挑戦した。答は言わないでどうしてそうなるのかを追究した結果、自分で原理に気づくようになった生徒たちの成績が少しずつ伸びた。ペア学習を始めてから、県一斉に行われる学力調査の結果がはじめて県平均を上回るようになった。

これは、何よりもクラス全体の居心地が良くなったからである。大きな声で音読をする、腹から声を出して歌を歌うということが当たり前になると、みんなで学習しようという雰囲気が自然に生まれてくる。そして、できるようになって自信をつけた彼らには、自己評価能力を高めるメタ認知の力がついたのである。

現場では、誰とでも話さなければならないのだから、あえてペアを固定してしまうのはおかしいと言う人がいる。だが考えてみてほしい。偶然、席が隣同士になった生徒のペア活動というのは、コミュニケーションの必然性があるだろうか。情報を伝えたい、話したいという相手、ともに内容を深めたいという相手になっているだろうか。もし、いじめられている子、なんとなく気の合わない子が隣にいたらどうだろう。なかなか話が発展しないし、何より萎縮してしまい、楽しいと感じられないのではないだろうか。これでは、教師に「させられる」活動である。

大切なことは、まずペアを心地よくして、話し合いの内容が深まるようにするということである。その後で相手を不特定にした方が、よりコミュニケーションが発展しやすい。めざすのはあくまでも自信をつけること。楽しい会話を何度も体験すれば、必ずコミュニケーションに対して前向きに取り組むようになる。

ペアは最小限のコミュニケーションのユニットである。ペアにすると集団の中に埋もれる生徒がいなくなる。1人1人が主役なのだ。教師は、生徒たちが必要感を感じるようなタスクでペア学習を活性化すればよい。そして、クラスを温かい雰囲気にして、つながりや diversity を大切にし、コミュニケーションが発展するようにすればよい。

2校目が荒れたときも、3校目が荒れたときも英語の授業は成立した。保健室にたむろしている生徒たちが、英語の授業になると、いそいそと教室に戻っていくのを見た他の教師たちがしきりに不思議がった。何のことは

ない、彼らは英語の授業を心地よく感じていたのである。ペア学習では仲間が支える。始まる前に、保健室に相手を呼びに行き、授業でも心のケアをする。彼らは、教師以上のカウンセラーなのである。

1.3 ペア学習で大切なこと

筆者の勤務校には、廊下の鏡の横にいろんな言葉や格言が添えてある。不登校の生徒や、心の教室相談員の方が選んで掲示している。

ある日、廊下を歩いていて新しい言葉が貼られているのに気がついた。読んだ瞬間、「これだ!」と思った。

> 目の見えない人が足の悪い人を背負うとき、2人は一緒に前進する。

ペア学習を推進する理由は、この言葉に尽きる。

英語が苦手な子は、自信がなく(足が悪く)て、なかなか独り立ちできない。一方、英語の得意な子は、自分がわかればいいという子が多く周り(目)が見えない。互いに助け合う、認めあうことは、相手の立場に立ったときにはじめてできるようになる。

筆者が、ペアで上下関係を作ることを絶対に許さないのは、互いに依存しあう関係を作ってほしいからである。

さて、ペアリングはソシオメトリーでしていると述べた。クラスを英語の得意な子(A群、自薦・他薦)とそれ以外の子(B群)に分ける。1人1人に紙を配って、相手のグループの中から一緒にやりたい生徒の名前を4人分書く。教師がそれを集めてマッチングさせるのである。しかし、クラスでは誰からも支持されない生徒が1人2人いるものである。そんな時は、その生徒が最初に名前を書いている生徒に事前に根回ししておく。「○君は君がいいと言っているんだが、どうだろう。ひとつ力になってやってくれないか。頼むよ」。くれぐれも、押しつけはいけない。

こうしてペアが決まる。だが、それで終わりではない。

よく、ソシオメトリーやアンケートを参考にしてペアが決まったら、「あとは生徒に任せた」と、ひいてしまう人がいる。ある時、「言われたとおり

にペアにしたけど、うまくいかなかった」と言ってこられた方がいた。そこで、その方に尋ねてみた。

「失礼ですが、先生はペアリーダーたちを育てるために、そして自己責任を与えるために、どんな仕掛けをされましたか？」

「えっ？　ペアにすれば、あとは生徒がやるんじゃないんですか？」

大きな勘違いである。ペアにさえすれば、うまくいくのだという勝手な思いこみがある。うまくいかないのは当然だ。ペア学習をさせながら、自分は1人でテストの丸つけをしている、きちんとやっているかどうかを人工衛星のように回りながら、ただチェックをしているだけ。これでは、力がつかない。

ペア学習では、ペアで学習するノウハウと技量を生徒の間に根気よく育てなければならない。居心地のよいペアを作ることはもちろん大事だが、さらに大切なのはその後である。教師は、活動中のペアをよく観察し、取り組みを評価し、クラス全体にそれを広めていくことが大切なのである。机間巡視の間は、できるだけ英語を苦手に感じている生徒の様子を観察し、生徒たちのつぶやきを拾うことである。こうすれば、生徒が見えてくる。ここに、ペア学習を追実践された方からいただいたメールがあるのでご紹介する。

> 先日、実力試験を実施して、今日はその解答の時間でした。実は昨日、ほかのクラスで解答をしたのですが、なぜか講義式の、ただ解答を伝える授業になってしまいました。しかしその直後に、何のためにペア学習にしたのかを考え直し、今日の学級でははじめから、ペアでこちらが正解を教えることなく、気づかせるような活動を仕組みました。そうしたら、<u>ペアリーダーが責任を持ってパートナーに答を気づかせ、正解へと導かせていました</u>。教科書を開いて見せたり、丁寧にコンテクストを追っていったり、<u>生き生きと活動していました</u>。またこちらも、すぐには正解を教えないように、段階を踏んで、答を導き出すヒントを与えました。すると、ほとんどの生徒が、正答率の低かった問題を理解することができました。私自身が、<u>教えることの本質に気づき、また教師としての真の喜びを感じることができました</u>。生徒が汗をかきながら教える様子、質問する様子を見てい

> ると、これが本当の学びなのだなと実感しました。ありがとうございました。(下線は筆者) (福島・中学校・男性)

　授業の中でペア学習が有効に働くようにするには、良いペアの具体例を提示し、他の生徒たちに気づかせるという方法をお薦めする。ペア学習の目的は、生徒を独り立ちさせることである。いつも教師が指示を出しているようでは、いつまでたっても受け身である。活動中に教師がハッと気づいたことをリアルタイムで全体に知らせ、自己決定は生徒に任せればよい。

　例えば、ペアリーダーの指示の仕方で「いいなあ、これはぜひ真似をしてほしいなあ」と思えるものは、教師がすぐに全体に紹介する。その時は、必ず全体の活動を止めてから伝える。「後で言おう」と考えてはいけない。活動が終われば、いくらよいことでも、もう頭には入らない。現在進行中の状態で、気づかせなければ効果はないのである。

　生徒にしてもらいたいという理想や願いがあれば、誰もしていなくても「さすがだね。〜している人がいるよ」とつぶやけばいい。また、具体的な名前を出さずに、「こんなことをやっているペアと、一方でこんなことをやっているペアがあるよ。どっちがいいんだろう?」と、いい例とよくない例を取り上げて、自分たちで判断させる。

　この間接的な指導(直接言わないで気づかせる指導)が、人をやる気にする。心のスイッチをカチッと押すという自己決定の場面が生まれるからである。こうした指導を地道に続けていると、教師がいなくても、自分たちで課題を見つけて取り組むようになる。学習が自分たちのものになっていくからである。

　ペアの居心地が良くなると、お互いを必要な相手と感じるようになる。わかったときに拍手をし、思わずハイ・タッチをするようになる。互いに学びあい、わかった、わかってもらえたという思いがあるからだ。これが、セルフ・エスティーム(自己肯定感)につながる。

　さて、相手をソシオメトリーで選ぶと、似たもの同士がペアになることが多い。気が合うからだ。同じ気質をもった友だち同士が学習を進めることで、同質の中に異質を見つけられるようになる。普通は、異質なものに

対して「私とは違う」という拒否反応が生まれやすい。しかし、同質の中なら異質を見つけやすく、また異質な意見にも素直に耳を傾けられるようになる。

　ある時、筆者はシュタイナーの本を読んでいて、大きな興奮を覚えた。彼は人間を、多血質、胆汁質、粘液質、憂鬱質の4つに分類し、同類の子どもたちを同じグループにして活動させていたのである。理由は、同じ気質同士が関わることでお互いの内面に自分のもっている気質の短所に対する反動が生まれ、癒しの作用が起きるからだとしている。

　学校では何気なく活動させることが多いが、このように目的と意図をもって学習活動を仕掛けたいものである。シュタイナー学校では、これが何十年も受け継がれている。

　以上ペアについて述べたが、ペアだけではグループ・ダイナミクスが生まれない。そこで英語の学習班(男女2名ずつ)を作る。1つの班は、男女ペア混合で4人班がいい。生活班をそのまま学習班にした授業を見かけることがあるが、学習班と生活班では明らかに集団的性格・活動目標・形態が違う。学習班は、英語を通して人間形成をするために意図的に作られるものである。当然話し合う回数も多くなる。話し合いを深めるには数が少ない方がいい。

　そして、もう1つ大切なことがある。やり方である。

　「私は班学習が嫌い。班学習をすると、私語が増えてうるさくなる。時間もかかるし...」と言う人がいる。班学習が「形骸化」して失敗するのは、決して生徒の責任ではない。教師の与える課題が意見の拮抗を生み出すものになっていない。不思議だという思い、知りたいという願いをもつようなものになっていないのである。

　課題だけではない。進め方にもルールがある。ある課題を与えた後で、すぐに班で話し合わせる人がいる。これは明らかにルール違反である。1人1人がしっかりと意見をもたずに、どうして話し合い活動ができようか。自分の意見をもたなければ、人の意見も聞いてみたいという必然性が生まれない。高まりを生み出すには、順序がある。

　まず、討論に耐えうる教材を用意し、次に生徒たちが思わず話したくな

るように教師が仕掛け、自分の意見をしっかりともたせた上で、話し合いの時間を与えるということである。そうしないと自己責任は生まれない。最後に「振り返り」の時間をとり、友だちとの関わり（意見交換や作品の鑑賞）の中から、互いのよさに気づけるようにすることも忘れてはならない。

　もし、幅広く意見を求めたいなら、6人グループにすればよい。話し合う時間は6分。1人1分の発表。授業を間延びさせずにテンポよく進めるには、時間を設定することが必要条件になる。長すぎず、短すぎず。高まり・広まり・深まりがあれば、生徒たちの方から時間の延長請求が出てくる。その時は延長すればよい。

　班の構成員は、生徒たちが学校生活を楽しく過ごせるかどうかの重大な鍵を握っている。学校では無計画にくじで席を選んだり、または教師が強制的に内気な生徒の横に快活な生徒を配置したりすることが多い。「私のクラスでは問題行動は許さない。全員が仲良くしなければならない」という教師の窮屈で頑固な思いこみが、いじめや不登校といった問題を引き起こしている。筆者は自分の体験からも、それが生徒たちのストレスを増大しているのだと声を大にして言いたい。

1.4　ミルトン・エリクソンから学んだこと

（1）　プロセスを重視しよう

　アメリカの精神分析家、思想家のミルトン・エリクソンは、人間が勤勉に生きていくためには、若いときに友だちからものを豊かに学ぶという経験を数多くもつことが大切だと、多くの臨床例から指摘している。友だちにものを豊かに与え、教える経験をし、そして友だちから豊かにものを学ぶという経験を積むということである。しかも、彼はどんな内容を学びあうかではなく、どれだけたくさんのことを伝えあうかが大切だと述べている。

　これは、人間らしくなるには、まず人に依存し、人から依存されるということが欠かせないということだ。依存するということは相手を信じていなければできない。同時に、依存されることで、自分に自信と誇りが生まれてくる。幼少の時から、人に近づき、相手も近づいてくるという体験を

第2部　実践編

たくさん積むようにすれば、相手を肯定的に自分の中に取り込んでいけるようになる。このプロセスを経ないと、人は人らしくなれない。

　近年、英語教育は結果を生むことをあせり、このようなプロセスを軽視する傾向があるように思う。テストのために正答だけを求めてひたすらノートをとる授業。最初から空欄が決まっていて、その情報をやりとりするだけの仕組まれた「ゲーム」。プロセスより勝敗にこだわるような「ディベート」のやり方。こんな指導では、生徒たちに自尊心は生まれず、互いに依存もしあえない。同じことを学ぶにしても、他者との協力を得て、発見・探求・発表の喜びを味わうプロセスがあれば、生徒の伸びは大きく違ってくる。

　学びの中で自信がつくかどうかは、どのように意味あるプロセスが授業に仕組まれているかどうかにかかっている。プロセス重視のケースでは、自分の思いこみやつまずきを乗り越えた学び、教師の揺さぶりで熟考した末に得られた学び、友だちの考えや作品などから気づいた学びなどが生まれてくる。発見、探求の過程を通して得た喜びは、次の学習への動機付けとなる。しかも、次の段階では確実にステップ・アップしている。

(2)　メタフォリカル・アプローチの有効性

　プロセスを重視した授業では、教師の姿勢で4つ大切なことがある。
　まず、教師がユーモアをもって接することである。2つ目は、知らないことは素直に「知らない」と言うことである。3つ目は、間違っていたら言い訳をせず、あっさりと謝ることである。そして最後は、メタフォリカル・アプローチ(逸話、比喩や隠喩など)を使って、内的なリソースを活性化させることである。
　このメタフォリカル・アプローチについて少し説明しておこう。
　例えば、テストが悪かった生徒の肩をたたきながら言う。

「この前のバドミントンの試合勝ったんだってね。おめでとう」
「え？　ああ。ありがとうございます」
「で、どうだった？　勝った瞬間の気持ちは？」

1. 英語教育という窓を通して何ができるのか

「とてもうれしかったです」
「なるほど。で、どうして勝てたんだと思うの？」
「毎日、一生懸命素振りをしたからかな」
「素振りって楽しいんだ」
「いえ、辛いです。でも試合に勝ちたかったから頑張りました」
「途中くじけそうにならなかった？」
「何回かそう思いました」
「でもあなたは最後までやりぬく力をもっていた。何でも基礎練習って大切なんだね」
「...英語も練習すればできるようになりますよね。（にっこりして）先生、次はがんばってみます」
「僕もあなたが英語を好きになれるよう努力してみるよ」

　「頑張りなさい」「もっと勉強しなさい」と教師に言われるよりも、自分で気づいたことの方が、意欲が持続しやすい。間違えるは当たり前、問題が起きるのは当たり前、つまずくのは当たり前と考えたい。それを教師の力でなんとかしようと力まずに、まず生徒を肯定的に理解し、肯定的に関わりたい。教師が「共生」「共有」「共育」「共感」を意識するようになれば、教室の雰囲気が間違いなく変わるだろう。
　さて、このメタフォリカル・アプローチを精神治療に生かしていたのがエリクソンなのである。エリクソンは独創的な精神療法家であり、彼のやり方はあらゆる精神療法の基礎になっており、さまざまな技法が使われている。彼のセミナーには多くの人が集まり、そこからブリーフセラピー*他多くの手法が生まれていった。
　彼の治療法は、患者の心的構造を変化させることを主眼としており、結果として間接的に症状が改善することをめざした。彼は、治療について次

---

*ブリーフセラピー：アメリカの思想家ミルトン・エリクソン中心の新しいカウンセリングの考え方。人の病理ではなく健康な面や肯定面を、そして過去よりも現在・未来を重視する。そのため解決志向、未来志向が特徴で「相互作用」の概念が大切にされている。
　　参考文献：　宮田敬一編『学校におけるブリーフセラピー』（金剛出版）

第 2 部　実践編

のように述べている。

「<u>治療をするのは患者</u>です。<u>治療者</u>はただ<u>天候、気候</u>を与えるだけです。それだけです。患者がすべてのことをしなければなりません。もともと患者は<u>病気</u>を克服する能力をもっており、治療者の役目は<u>コミュニケーション</u>を通じて患者の<u>自然治癒力</u>を引き出すことです」

　下線部(筆者による)は、次のように置き換えられるように思う。

「治療をする」	→	「意欲を出す」
「患者」	→	「生徒(学習不適応者)」
「治療者」	→	「教師」
「天候、気候」	→	「刺激」
「病気」	→	「苦手意識」
「コミュニケーション」	→	「観察と対話」
「自然治癒力」	→	「やる気」

　彼のコミュニケーションの特徴は、間接暗示の使用、つまりメタフォリカル・アプローチを用いているということである。直接的な指示のような押しつけがましさがない。こうすると、患者の記憶に残りやすいので、いつでも必要なときに逸話を自分の記憶から取り出し、一般化できる。

　さて、このエリクソンのやり方は、次のように日常化できる。

　始業開始のチャイムが鳴っても教室が騒然としているとき、「静かに席に着きなさい」などと言わない。黙って黒板にその日の説明を書き始める。生徒はあわててノートをとり始める。こうするとすぐに静かになる。

　また、前の授業の板書が消されていないときは、「当番はどうした？　早く消しなさい。仕事をきちんとやりなさい。また明日やりなおしだな」などとは言わない。そのまま黒板に残された板書の上から書き始める。前に出てきて、罰が悪そうに板書を消し始める当番に、「僕の書いたところは消さないでくれよ」と言ってにっこりする。次からは間違いなくきれいに消されている。

　このメタフォリカル・アプローチの手法は、本書の第 1 部でも見られる。コラム 1 の藤原氏(一度、富山でお会いしたが、とても情熱的な方だった)

の独房での話、コラム 2 の竹ペン授業の話、星野富弘氏の話などは、読者のみなさんの心に深く刻み込まれたのではないだろうか。また、拙著『英語好きにする授業マネージメント 30 の技』(明治図書)の第 1 章に「ファースト・トマトの話」と「稲作づくりから学んだこと」を逸話として載せたところ、他教科を含むたくさんの先生方や会社役員の方から好意的なご意見をいただいた。いかに逸話が人にインパクトを与えるかという例である。

2. 他者との協力、学びのプロセスをどうつくるか

2.1 ホリスティックな学びの場をつくる

　英語の授業づくりを考えるとき、レイチェル・カーソンの「センス・オブ・ワンダー」、シュタイナー教育、グローバル教育、アドラー心理学、ブリーフセラピー、そしてホール・ランゲージ（Whole Language）が大いに参考になる。これらに共通するのはホリスティックな(包括する、つながる、バランスを保つ)学びである。体験と振り返りを大切にし、すべてがつながっていると考えるグローバル教育とシュタイナー教育。今から約 50 年も前に、「沈黙の春」で誰よりも早く環境問題に警鐘を鳴らしたレイチェル・カーソンが子どもたちに見せた愛情と感受性。叱咤激励ではなく、勇気づけて自己責任を与え、よい人間関係を築こうとするアドラー心理学。1 人 1 人が本来もっている力を出すことができるような指導を展開するブリーフセラピーの解決志向性。そして、総合的に言葉を学ぶことを提案する "The Whole Language"。

　どれも自分を大切にし、人と関わり、互いに認め合い、心を解放させることが共通している。人や地域との関わりが薄く、自信喪失気味の最近の子どもたちの指導には、これらは欠かせないと筆者は考えている。

　筆者は 1998 年にビクトリア大学で行われたグローバル教育カナダセミナーに参加し、トロント大学大学院のデビッド・セルビー教授の下で多くのアクティビティを体験した。日本に戻ってから 3 年間。今までの実践とホリスティックな考えが有機的につながり、授業内容と方法が大きく変

わった。その具体例についてはセクション 4 (p. 63) でご説明したい。

2.2　自己責任を与える

2002 年から小・中学校で、2003 年から高校で施行される新しい学習指導要領では、総合的な学習の時間や選択幅の拡大などによる「個性の重視」や「自己選択・自己決定」が大きく打ち出されている。

だが、現場では、生徒には個性や主体性が備わっているものだという考えで、活動をするときにはじめから生徒に任せてしまうことがある。はたしてそうだろうか。

「個性」も「主体性」も育てるものである。特に「個性」は独りでに育つのではなく、集団の中でこそ磨かれるのではないかと思う。集団の中で diversity (違い)が大切にされることで、自己確立から共生へとつながる。その中で自分に自信が生まれる。それが個性の芽生えではないか。個性云々と言う前に、集団をどう育てるかということにもっと目を向けたい。集団になるか、群れになるかは、「自己責任」があるかどうかで決まる。

例えば、生徒集会で、1 人 1 人が意見を求められ、討論が深められるとき、意見の応酬で体育館は騒然となる。この場合、明らかに目的のある「集団」になっている。一方、○×クイズのようになった途端「群れ」に変身する。

生徒は自分が発表する時や、自分に任された時は、必要感を感じて行動が自主的になる。自己責任を感じるからである。そして、何ものにも縛られない知的好奇心、創造力、エネルギーがあふれ出てくる。これが学習を活性化させる。教師はファシリテーター(進行役や司会者)であればよい。その仕事は、彼らが自ら学習に取り組み、自分で気づけるようにすることである。決して、自分が進めたい方向に無理強いする、用意したノルマを時間内に終わらせることが仕事なのではない。もっと、教師は「1 人 1 人を間違わせない」ことから「集団の中で間違いを楽しむ」ことへと発想を転換すべきだろう。

2.3 Show and Tell で自己責任と自分らしさを育てる

　授業の中で、自己責任と自分らしさを際だたせる活動がある。それが Show and Tell のスピーチだ。コミュニケーションを発展させるには、

① 語り手の話に内容があること
② 語り手の話し方が工夫されていること
③ 語り手が聞き手を大切にしていること

といった要素があることが大切だ。一方で、話し手が話したくなるには、

① 聞き手が聞こうとする態度や受け入れる気持ちを見せること
② 聞き手が話の中心やキーワードを確認したり、繰り返したりして「聞いていますよ」というメッセージを与えること

が大切になる。さて、Show and Tell のメリットは次のようなことだ。

① 何かを見せながら相手に伝えるので、聞き手にとってリアル・タイムな(必要感のある)スピーチとなり、アイコンタクトしやすい。
② 目でものを見ながらスピーチを聞くので、イメージを描きやすい。
③ スピーチをする方も、具体物を見せながら話すので、自分のスピーチの骨組みを確認しやすい。
④ こだわりのあるものを紹介するので、伝えたいメッセージをもちやすい。また、それにまつわるエピソードなども具体的に入れやすい。
⑤ 友人のいろんな Show and Tell を聞くうちに、心が動くスピーチに触れ、いつしかメッセージを聞き取って理解することが楽しみになる。

　Show and Tell を経験しておくことは、コミュニケーションの基礎を学ぶ上で不可欠である。これがすべての土台となって、その後、自由スピーチ、課題スピーチ、ロジックを学んでディベートへと発展していくのである。

第2部　実践編

　さて、Show and Tell はみんなの前でやるから効果が上がるのだが、最初の段階では小グループ(4人〜6人)でポスター・セッションのようにグループ内で発表会をもつようにするといいだろう。
　このやり方のメリットは、自己評価と相互評価が何度も行われ、しかもよいものに触れて、評価の基準が昇華していくということである。
　やり方を説明する。まず、各グループで順番に予選スピーチをする。もちろん暗記。ジェスチャーもつける。グループの中でお薦めのスピーチを1つ選ぶ。選ばれた代表者は、みんなの前で発表する。この活動での仕掛けは、本選に向けて、より良いスピーチになるように、グループのみんながいろいろアドバイスをするということである。本選では、それぞれのスピーチの前に、各グループのメンバーが「そのスピーチの聞き所」をアピールする。耳を傾けてほしい観点を示すためだ。すべての代表スピーチが終わったら、どのスピーチが心に残ったか意見を自由に出しあう。どうしてそれがよかったのかを互いに分析して、出た意見の中から、最後に教師がいいスピーチの観点をまとめる。
　他にも、いろんなやり方があるが、筑波大学附属中学校で取り組んでいる Show and Tell のやり方はおすすめである。筑波大学附属中学校の肥沼則明氏のホームページ [http://village.infoweb.ne.jp/~koinuma] にそのノウハウが詳しく紹介されている。研究心旺盛なスタッフばかりなので、年々バージョン・アップされている。関心のある方は、第4部にある田尻氏の生徒のスピーチ原稿や、拙著『英語のディベート授業30の技』(明治図書)の66ページを参照されたい。

2.4　固定よりも変化を

　自然界の基本原理は「変化」である。「固定」ではない。筆者は勤務校の校務運営委員会などで「前年どおり」と提案をする人に対して「それでは学校に活力が生まれない」と再考を促した。固定させることは簡単である。しかしマイナス・エネルギーが生まれやすい。
　例えば「私は英語が苦手だ。できない」と思いこんでいる生徒は、心の中で変化を阻止するような力が働いている。「思いこみ」である。「苦手だ。

嫌いだ」と思っている間は、絶対に変われない。

変化は「ある瞬間」に「ある場面」で起きる。教師は「変えよう」とするのではなく、「変わる」瞬間や場面を演出すればいいのである。

要は、教師も生徒も変化を楽しめるようにすることだろう。人は楽しむ中で、自分にとって最も大事なものを最も効率的に学んでいく。これがすべての基本になることを忘れてはならない。そこで次のようにする。

時々「英語って楽しいな」と思えるような活動を用意し、終わった後で感想を書いてもらうのである。生徒は、書きながら「なぜ楽しかったのか」を自分で分析するようになる。そして、コメントの中から生徒の心の変容が見られたものをいくつか選んで教科通信に載せる。クラスの中で「ああ、そうなのか」という気づきを生むためである。

このように、教師が十分に準備をした活動の後は、必ず感想を書かせるようにしたい。こうすると、「英語は楽しい」「英語がわかる」という刷り込み(imprinting)がされるようになる。

3. 自分が好きになり「これが私です」と言えるように

3.1 人間関係を育む添削指導

今、多くの大人が現代社会に不適応を起こしている。その結果、ストレスがたまり、そのはけ口が子ども(弱い者)に向かう。叱りつける、殴る、罰を与える、無理に言うことを聞かせるなどの行為に現れる。かくして、ストレスがたまった子どもたちは「行動」を起こす。

いじめである。それは自分よりも弱い存在、おとなしい友人や動物や小さな生き物に向かっていく。

子どもたちにとってのもう1つのストレッサー(ストレスの要因)は、親や教師が、自分にとって都合のいい子ども像を押しつけているということだ。子どもたちは、最初努力をしようとするが、そのうちに疲れて、だんだんと現実との間にギャップを感じ、できない自分を嫌いになっていく。そして親や教師に反発するようになる。居場所がなくなった彼らは段々と不

第 2 部　実践編

登校、問題行動などのサインを見せるようになる。

　教育は、親や教師が「子どもを好きになれるかどうか」に尽きる。

　子どもを好きになるには、彼らの目線に立つことである。同じことを体験するようにし、同じ感動を共有することである。

　英語の自由作文の添削を例にとってみよう。生徒が書いたことに対して、私たち教師はどんなコメントを書いているだろうか。

　「ところどころ綴りが間違っているよ」「今日は楽しかったと書いてあるけど、どこが楽しかったかよくわからない」「3行しか書いてないけど、もっと書けるはずだ。挑戦しよう」

　残念ながら、教師という立場で見ている。子どもの目線になっていない。これでは、次も書きたいという気持ちになれないだろう。

　そのうちに、出さなかったり、"I watched TV. It was fun.", "I went to see a movie. It was Sen and Chihiro. I enjoyed it very much." といった無味乾燥の内容になったりする。

　そこで、コメントを次のように変えてみる。

"That's great! I like it. Please let me know more!", "You're right. I agree. I also think . . . . What do you think?"

　いずれも、内容そのものに対してのメッセージを共有しあっている。大人が子どもと同じ目線で、子どもの行動を認め、それを評価している。同時に、間接的にどこをふくらませるとよいか、その視点を示している。こうすると、子どもは「ははあ、先生はここをもっと知りたいんだな」と考えるようになる。教師と対話ができていることに喜びを感じるようになる。

　コミュニケーション能力は「伝える力」以外に、このように「人間関係を築く力」もあるのだ。他者の存在に気づき、他者を大切にしようとすることが、コミュニケーションの原点。よい人間関係を築くには、まず自分を好きになることが先決だろう。卑屈な自分、わがままな自分は好きになれない。好きになるのは、人に優しい自分、夢に向かって頑張る自分、人のために尽くせる自分である。教師や親から常に管理され、指示されるような状態が続くようでは、いつまでたっても自己肯定感は生まれない。もっと「YES, I CAN.（できる。やってみたい）」という元気の源（活力）を培い

3. 自分が好きになり「これが私です」と言えるようにたいものである。具体的にどうするかを次項で述べてみたい。

3.2　「意見の拮抗」がコミュニケーションの必然性をつくる

(1)　チェーン・レターで心を刺激する

　誰もが「やってみたい！」という気持ちになれる活動がないだろうか。もっと自分の考えを書きたい、友だちの考えを知りたいと望むようになるにはどうしたらいいのだろう。

　それには、まず自分の意見をもてるようなトピックを与えることである。全員に同じトピックを与えていては、こだわりは生まれてこない。それはやらされる活動である。教師が選択肢を作り「この中から選択してよい」というスタンスをとると、生徒たちは目を輝かす。街でも、バイキング形式のレストランが大人気である。給食にもバイキング給食というのがあり、子どもたちは朝から楽しみにしている。選ぶとは、それほど魅力的なことなのである。選択とは自己決定。自己決定をしたら「自己責任」が生まれる。

　配慮することは選択肢に何を用意するかという視点である。

　普段から自分のアンテナを高くあげて、子どもたちの興味や関心を把握しておきたい。できたら、みんながいいと思っていることよりも、友だち同士で不平不満を言っているようなことがおもしろい。「待ってました」とばかりに、言いたいことが山のように出てくるからである。みんながいいと思っているものに対しては、I think so, too. で終わってしまう。視点が広がらない。また、不満をもっていることでも、別の角度から見たら「なるほど大切な部分もある」という見方ができることが多いのである。

　さて、お薦めの活動は「チェーン・レター」。接続詞の that や It ... for ... to ... を習った時に仕掛ける。

　やり方を説明する。A3 または B4 サイズの白紙を全員に配り、記名させる。これに意見を書いてどんどん回していくという活動だ。

　トピックは Yes, No の両面からの見方ができるものを教師の方で準備しておく。例えば、

　① School is boring. Yes or No?
　② Box lunch is better than school lunch. Yes or No?

③ Winter vacation is better than summer vacation for students. Yes or No?
④ We should stop using school bells. Yes or No? etc.

1列6人なら6つのトピックを用意する。前列には①を、2列目には②のトピックを伝え、YesかNoで自分の意見を書かせる。時間は5分。

1人1人に紙を配ってこう言う。

　選んだトピックに関してYesかNoの立場で意見を書きなさい。必ずその理由を具体的に書きなさい。becauseや 1st, 2nd というように順に書くようにしてください。5分間あげます。わからない単語はローマ字で構いません。私が「やめ」と言ったら、途中でもやめて最後に What do you think? と書いて、その下にプリントの左端から右端まで線を引きなさい。「私の分は終わった」という印です。

　(5分後に)やめて。次にそのプリントを後ろの人に回しなさい。列の一番後ろの人は一番前の人に渡してください。(全員プリントが回ったのを確認する)では、その意見を読んで "I don't agree, because ...." と書きなさい。その意見に反論しなさい(「えーっ?!」という驚きの声)。では、読む時間を含めて7分です。始め！

物事にはメリットとデメリットがあるということに気づかせるには、この反論を書くということが不可欠である。

3人目からは、1人目と2人目の意見を読んでどちらに賛成か、または反対かを書く。

　(7分経ったら)「やめ」
　そのプリントを後ろの人に回しなさい。(全員プリントが回ったのを確認する)では、あなたはジャッジです。2つの意見を読んで、どっちに賛成するかを述べなさい。I agree with ～ san, because ... と書き、その理由を具体的に書きなさい。時間は7分です。

3. 自分が好きになり「これが私です」と言えるように

　はじめは乗り気ではなかった生徒たちの表情がみるみる変化していく。エンピツのカリカリという音だけが教室に響くようになる。
　7分経ったところでやめさせる。

　そのプリントを後ろの人に回しなさい。（全員プリントが回ったのを確認する）あなたは陪審員です。3つの意見を読んで、そのジャッジを支持するかどうか、自分の意見を書きなさい。理由も具体的に書きなさい。同じく時間は7分です。

　その後からは、自分はそれぞれの意見をどう思うか書き続ける。
　チャイムが鳴る5分前にプリントを持ち主に戻すように言う。

　さあ、自分の書いた意見からどんな展開になっていったでしょうか。読んでみましょう。ただ、読みながら「うーん、これはいい意見だ」「納得」というものには赤ペンで下線を引きなさい。「ここは反論したい」というところには波線を引きなさい。終わったら、裏に日本語で感想を書きなさい。

　この学習は言語活動である。まとめの学習ではなく、書きながら学んでいくという学習だ。最初は英語の勉強と考えてしぶしぶやっていた生徒たちが、互いのメッセージを交換することに夢中になる。

　無意識のうちにやっていることを、顕在化させるのが教師の役目である。教師はストップ・ウォッチを持ち、必ず5分（2人目からは7分）という時間を守らせる。よく書けない生徒がいたりすると、つい多めに時間をやってしまいがちだが、これでは「自己責任」が育たない。時間厳守を徹底することで「友だちのために自分が少しでも書かなければ」という思いが生まれてくる。そして、友人の意見をいくつか読んでいるうちに、だんだんと書き方のコツが飲み込めてくる。書いていて楽しくなる瞬間だ。

　この活動を成功させるコツは「最初からきちんと書かせたい！」という教師のサガを捨てることである。

　さて、もう1つ配慮することがある。価値観の違いを意図的に作り出す

第2部　実践編

ことと、英語が苦手な生徒が学べるようにするということだ。男子と女子では考え方が異なるようなトピックを選ぶ。1列が全部男子(女子)であれば、なかなか意見の拮抗が生まれない。そこで、縦列が全部男子(女子)の場合は、途中で横列に変える。英語の苦手な生徒たちが続く列の場合も同じである。2〜3行の意見ばかりでは互いに学べない。そこで具体的に書き方を学べるように、途中に英語の好きな生徒の意見を入れて、「ああ、こうすればいいのか」と気づけるようにする。

　彼らは、自分の発信したことがどう受け取られたか、知りたくてしょうがなくなる。だから、戻ってきた紙を、待ってましたとばかりに、むさぼるように読む。このように、メッセージの授受が中心となると、英語が「手段」に変身する。

　なお、これは1時間まるまる使う。今まで習ったことを使って表現する統合的な活動なので、中学3年以上が望ましいことを付け加えておく。

　ここに生徒の感想があるので、モティベーションを高める原理について一緒に分析してみたい。(下線は筆者)

---

① 　いつもの勉強はどちらかというと、テストのためにしていたのかもしれません。しかし、このチェーン・レターはなんとか相手に英語で伝えたいという気持ちがあったので、今まで習ったことを使ってどんどん文が作れました。読む方でも「この人は何と言っているんだろう」と思うと、読みたくなってきて、自然に読むことができました。読めない単語も流れから「こうじゃないか」と考えることができました。最初は、2行くらいしか書けなかったので心配でしたが、最後になると自分でも驚くくらい多く書いていました。もう一度してほしいとすごく思いました。とても楽しかったです。　　　　　　　(女子)

① 　友だちのを読んでいると、文章はちょっと変なところもあったけど、伝わってくるものがあって、それについて書いていると、途中からだんだん楽しくなってきて、どんどん書きたくて書きたくてたまらないという気持ちになりました。みんなで英語の手紙を渡しあえたようで、本当に楽しかった。英文を初めて一生懸命読んだ気がしました。

(男子)

3. 自分が好きになり「これが私です」と言えるように

① はっきり言って教科書で勉強するより、はるかにおもしろかったし、英文も書けたような気がする。もっとたくさんの人の意見を知りたい。こんなのなら<u>毎時間英語の授業をやっても飽きない</u>気がするくらい面白かった。　　　　　　　　　　　　　　　　　　　　　　　（女子）

② やっているうちに、すごく楽しくなって、次の人のが来るのが楽しみだった。特に、自分が<u>その人の意見を否定する時がたまらなく楽しくて</u>(イヤな奴ですが)。　　　　　　　　　　　　　　　　　　　（男子）

② <u>違う立場になったり、ジャッジになったり、頭をいっぱい使った。自分のから始まり、前の人の紙を見ると自分とはまるで違う単語や文章だった</u>。それが毎回回ってくるので、次々にいろいろな文を作ることができた。はじめは全然書けなかったのに、どんどん書ける文が増えてきて自分でもうれしくなった。　　　　　　　　　　　　（男子）

② 学校はつまらない。Yes or No？というトピックで自分の意見を書いていると、理由がたくさん浮かんできました。<u>書きたいことがたくさん出てくると、不思議とペンの進むのが速くなっていきました</u>。たくさん書けると、それだけうれしいし、自分の書いた文章に自信がもてるようになりました。<u>他の人の意見が自分の意見と違うと思ったときに、書きたいことがたくさん出てきました</u>。反対のことを書くのって楽しいですね。　　　　　　　　　　　　　　　　　　　　　（女子）

③ <u>不明な点をどんどんついて、そこを徹底的に追及することに人生、人間の楽しみがあるように思えてきた</u>。そうすれば、これからの国際社会にも対応できるし、自分自身の生き方の形成にもなる。このようなコミュニケーションを大切にしていきたい。　　　　　　　　（男子）

④ 私はこんなにドキドキする授業を初めて経験しました。今日の授業は英語だけでなくものの考え方を学んだような気がします。（女子）

④ 自分の意見を他の人に伝えてその人が、それについて自分の意見をまた述べるというところが、心と心を結び合わせると思った。教科書を教えるだけの授業、これははっきり言って最低だと思う。<u>心と心を結びあわせる授業、これが真の授業である</u>。最高の授業だった。

　　　　　　　　　　　　　　　　　　　　　　　　　　　　（男子）

④ すごくおもしろかった。とにかく、<u>自分の思っていることをなんとか分かりやすく伝えようと思いつくだけの単語を書きました。そのうちに、文の作り方などもちょっとずつ、どう書けばいいのか分かってき</u>

49

ました。自分以外の人から、いろんな見方の意見を聞けて楽しかったです。　　　　　　　　　　　　　　　　　　　　　　　　（女子）
④　教科書なんかなくても学べると思った。こんな授業が一番効果があると思った。　　　　　　　　　　　　　　　　　　　　　　（女子）

下線を引いた部分に注目してみたい。生徒を意欲的にした要因は、次の4つである(丸数字は感想の数字にそれぞれ対応)。

①　メッセージが中心なので、思わず書きたくなってくる。
②　相手に反論するうちに、いろんな視点に気づけるようになる。
③　わからない点、不明な点をすぐに追究する態度が育つ。
④　プロセス重視の学習なので、やりながら自分で学べる。

　この学習では、1人1人が自立している。自分の考えをもつことが、学習に深まりを作っている。そして、自ら発信することでこだわりが生まれ、つながること(同調、共感、反論)に喜びを感じるようになる。友だちの文を読みながら、自分の立場で意見を書こうとする時、自己教育力が芽生えてくる。
　自己教育力を育てるには、このような活動を地道に続けて、「ああ、いろんな考えがあるんだなあ」「自分はこう考えるけど」という発見を大切にすることだ。
　このチェーン・レターやディベートのように「相手の言っていることをつぶす」活動や、文法の間違い探しのように「人の書いたものを修正する」という活動は、生徒を生き生きとさせる。いつも同じ答を要求されている生徒にとって、禁断の実をとるようなくすぐったい誘惑を感じるからである。人の心理として、何かを批判する、自分以外の人が書いたものを直すという行為は楽しいのである。しかも隠れてするのではなく、授業の中で明るく公然とできるのである。
　クラスの居心地をよくするには、この「反論できる」という図式を授業の中に組み込んでしまうことである。ディベートを何度も経験すると、男女が仲良くなり、いじめがなくなり、クラスが明るくなる。それは、相手

3. 自分が好きになり「これが私です」と言えるように

の言い分をまずしっかりと聞こうとすることにより、相手を受容することができ、ものごとを一面的な見方(思いこみや偏見)ではなく、複眼的に見られるようになるからである。

　生徒たちは、自ら学び取る力をもっている。関わりを作って、彼らの自信の源になるメタ認知の力や自己評価能力を高めたいものである。

(2)　リレー・ノートで心をつなげる

　このチェーン・レターを日常化させるのが、リレー・ノートである。B5サイズのノートを横に3等分したものを、4人から5人のグループで回す。グループは、英語の得意、不得意や興味・関心の高さ、人間関係を考慮して編成する。それぞれのグループにリーダーを置き、責任をもって決められた期日に提出したり、チームメートを手助けしたりするようにする。

　まずリーダーが1ページを使って英語で問題提起をする。次の日にメンバーのAに渡す。Aは家でリーダーが書いた文を読み、自分の考えを英語で述べる。次の朝Bに渡す。Bは家でリーダーとAが書いた文を読み、賛成か反対か、自分の意見を書く。こうしてどんどんリレーしていくのである。曜日を決めて、1週間に一度教師に見せる。内容をできるだけ論理的にするコツは、トピックを身近でdebatableなものにすることである。例えば、

1　Why should we study?
2　If you had one million yen, what would you do?
3　If you had a "dokodemo door", where would you like to go? Why?
4　Where do you want to live, in Hokkaido or in Okinawa? Why?
5　Which do you like better, McDonald's or Mosburger? Why?
6　Which is more important, money or love? Why? など。

　ここでは、What do you think about relay note? というトピック(最終回)をご紹介する。

● I think it's very important, because it's very interesting and useful. So, it is necessary for us. Relay note gives me a chance to speak to

第 2 部　実践編

> all. Relay note makes me happy. I'm sad if this relay note ends.
> (A. K.)
>
> ● I agree. I think relay note is fun, too. I can speak to everybody in it. I can know what everybody thinks in relay note. It is like "catch ball of words", I think. I hope relay note will be continued, too.
> (T. Y.)
>
> ● I think so, too. It is important and useful to me. When relay note started, I didn't want to do it. Because it's not easy to write English for me. But I have written it since it started and I can understand English better than before. Now I'm glad to speak to everyone in this note. What do you think? (A. N.)
>
> ● I didn't like English, but after starting this relay note, I liked English a little. So, it's good for me to write relay note. I can write and read English better than before. I think relay note is excellent.
> (Y. S.)

　生徒の英文はグローバル・エラーだけを直し、教師自らのコメントも入れて返却し、やる気が出るようにする。ALT にも参加してもらい、時々「日本のここがおかしい」というように、生徒たちを挑発してもらう。ノートが終わったら、多くの人の目に触れるような場所に展示し、継続して取り組めたことを賞賛するとともに、互いに話題の発展の仕方を学べるようにする。教師は、もっと授業の中で「布石」や「仕掛け」を楽しめないだろうか。きっとクラスの生徒たちの表情も変わるはずである。ディズレリがこんなことを言っている。

　　Nurture your mind with great thoughts,

　　for you will never go any higher than you think.

　子どもの感受性を育てるには、まず大人の感受性を磨きたい。

3.3　「なりきり作文」で学ぶ他者の視点

　自分のことを、なかなか語れない生徒が多い。これは日々の授業でそのような訓練がされていないからである。教師の "How are you?" に対し、

3. 自分が好きになり「これが私です」と言えるように

全員に "I'm fine, thank you." と答えさせていては、いつまで経っても「自分らしさ」を意識できない。自信をもって 1 人 1 人に "I'm OK." "I'm tired." "Sleepy!" と答える自由を与えたい。また、教師の口癖である「わかりましたか」という問いかけもやめよう。「はい」「わかりました」という答に、教師はホッとして次に進めるが、教師の話や説明が多ければ多いほど、このような状態が続くことを理解するべきだろう。

むしろ、YES か NO かを尋ねて、生徒をどちらかの立場に立たせたい。お薦めしたいのが、Do you agree? Do you think so? と尋ねるやり方。生徒たちが Yes と答えても No と答えても、教師の次のことばは Why do you think so? 何度も繰り返すが、自己決定と自己責任の場面を与えるのである。こうすると、自分の立場で考えなければならない。そこで何人かを指名して自分の意見を言わせる。だめ押しで、1つ1つの意見に対しても必ず Do you agree? Do you think so? と周りの生徒たちに尋ねたい。賛成でも反対でも意見表明してくれた方が、存在感が感じられてうれしいものである。自分が尋ねられていると、それが心地よくなり、やがて自己肯定感につながっていく。

さて、書く活動でどんな子でも書けるようになる不思議な活動がある。それが「なりきり作文」である。

学校では、この「何かになりきる」という経験がとても少ない。中学 1 年の国語で扱うくらいだ。実は、この「なりきる」ことが表現力の向上に欠かせないのである。さまざまな活動で「詩人になったつもりで訳しなさい」「声優になったつもりで音読しなさい」「評論家になったつもりで説明しなさい」などと指示をすると、生徒は見事に変身する。なりきることでこだわりが生まれ、複眼的に見られるようになるからである。

この「なりきり作文」は、自分が他者となり、そこから見える世界を描くという活動である。時計や鉛筆になりきって「自分」を外から見ると、今までとは違った自分、つまらない授業で時間ばかりを気にしている自分、鉛筆を乱暴に扱っている自分が見えるようになる。つまり、「自分」を客観的にとらえるようになる。

ただ「なりきって書きなさい」と言うだけでは、何をどう書けばいいの

第2部　実践編

かわからない。そこで、書くまえにいくつかよいモデルを示し、「ここがいいな」という部分に下線を引きなさい」と言う。そして、グループで互いに意見交換をする。そのモデルとなるのが、『のはらうた』（くどうなおこ詩集・童話屋）である。

2つご紹介する。

　　　　　　めがさめた

　　　　　　　　　　　　くどうなおこ

どうしたの？　山
うす緑のようふくが　ふるふる　ゆれてるよ
おおい山よ！　なに　ふるふるしてるの？

だってね　くっくっく
雪どけみずが　ちょろちょろしてさ
りすは　もこもこするしさ
かえるは　ごそごそ　のねずみ　かさこそ
みんな　めがさめて　あちこち　うろちょろ
くっくっくっ　くすぐったくてなあ
ひゃ　もうたまらん！
あ——っはっはっはっは

山がわらって　春がきた

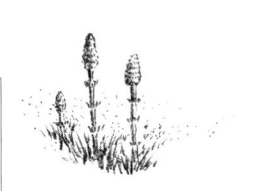

　　　　　　だっぴ

　　　　　　　　　　へびいちのすけ

「だっぴ」すりゃ
ちょっぴりおとなで
ぼく　しんぴん
あたらしい　としがはじまる

3. 自分が好きになり「これが私です」と言えるように

> きぶんだよ
> だから そのときゃ
> 「だっぴー・ニュー・イヤー」

　彼女の作品を読んでいると、自分も山や蛇になったような気持ちになる。彼女の作品の主人公は、野の生き物たち。こぶたはなこ、かまきりりゅうじ、けやきだいさく、こねずみしゅん、といった個性派ぞろいだ。
　「自分の感受性くらい」を書いた詩人、茨木のり子氏が彼女の作品を次のように評している。

> 　らくらくとくつろいで書いているので、読むほうも楽しくなり刺激されて、これぐらいなら自分でも書ける気分、パッと白い手帖なんか取り出してみるのですが、てんで駄目です。言葉を使う術が非常に洗練されていて、あらためてうっとりしてしまいます。
> 　　　　　　　　　　　　（『詩のこころを読む』岩波ジュニア新書）

　くどうのりこ氏の作品は「なりきり作文」の見事なお手本である。
　まず、彼女の作品を、詩人になったつもりで「読み聞かせ」をしたい。教師が心から語るのである。何かについて話をするときは、話し手がその話(または作品)に心が動かされ、心から共感していることが最も大切なことである。その気持ちは、心を通して、必ず聞き手に伝わる。
　次に、お互いに気づいたことをグループで話し合う。振り返りの時間をもつのである。友だちから聞くいろんな観点に「そうか。そんな見方ができるのか」と自分で新しい視点に気づけるようになる。このように、「他者になる」という視点を与えることで、今まで気づかなかったことが見えてくるようになる。極めつけは、これまでの先輩たちがつくった作品の中から英語版のモデルを提示することだ(次ページ参照)。
　やはり具体的なモデルを見せるのが一番である。教師は、いろんな観点を示せるような作品2、3種類を責任をもって選んでおく。この作品選びがすべてである。同じようなものばかり提示しても、生徒たちの観察眼(この

第2部　実践編

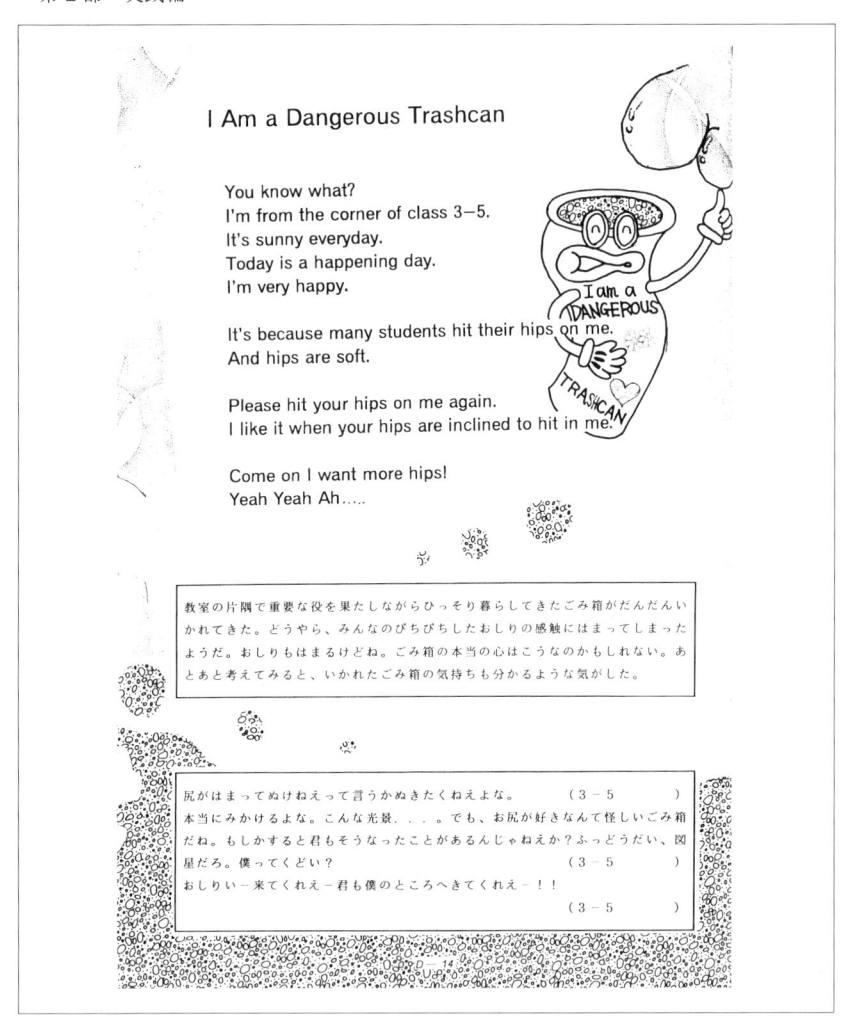

I Am a Dangerous Trashcan

You know what?
I'm from the corner of class 3-5.
It's sunny everyday.
Today is a happening day.
I'm very happy.

It's because many students hit their hips on me.
And hips are soft.

Please hit your hips on me again.
I like it when your hips are inclined to hit in me.

Come on I want more hips!
Yeah Yeah Ah.....

教室の片隅で重要な役を果たしながらひっそり暮らしてきたごみ箱がだんだんいかれてきた。どうやら、みんなのぴちぴちしたおしりの感触にはまってしまったようだ。おしりもはまるけどね。ごみ箱の本当の心はこうなのかもしれない。あとあと考えてみると、いかれたごみ箱の気持ちも分かるような気がした。

尻がはまってぬけねえって言うかぬけたくねえよな。　　　（3－5　　　）
本当にみかけるよな。こんな光景．．．。でも、お尻が好きなんて怪しいごみ箱だね。もしかすると君もそうなったことがあるんじゃねえか？ふっどうだい、図星だろ。僕ってくどい？　　　（3－5　　　）
おしりぃー来てくれえー君も僕のところへきてくれえー！！
　　　　　　　　　　　　　　　　　　　　　　　　　（3－5　　　）

場合は鑑賞眼でもある）は育たない。違いのあるものを提示することで、同質性や異質性を考えるようになる。比較することで、それぞれの特質に気づけるようになる。これが生徒たちの表現力を高めるのである。

　具体的な指導法をご紹介する。全体計画は6時間。まず、くどうなおこ氏の作品を読む。気に入った部分に下線を引き、友だちと意見を交換する。次に英語版なりきり作文に取り組む。まず、題材探しで1時間。内容の構

3. 自分が好きになり「これが私です」と言えるように

成・下書きで、さらに2時間。キャンパス・ボードに清書をしてイラストを描き、色を塗るのにさらに2時間。全体で鑑賞する時間が1時間。仕上がったものは文化祭で展示する。表現力を高める工夫は、Ouch, Oh, Agaaaah などの感情を伝えることばを有効に使うように助言したことである。傑作の中から、1つご紹介する。

I am a rice plant.
I was planted in spring, in deep water.
The sun was bright and warm, and I grew very quickly.

In late May, I became very thirsty.
I couldn't have enough water.
My owner dried my bed.
I had to stretch my foot deep into the ground
to find water.

By early autumn, I became heavy with rice.
My hair was golden under the setting sun.
And I remember it was early September.
Heavy rain fell and I lay flat on the ground.
Oh, my God! Heeeelp!

Now is the time for the harvest.
My hair is pulled out by people on machines.
I become nothing but a short straw in the mud.

Farmers burn me until I become black.
But the spring will come again.
And I will grow strong again.　　　（2年女子）

どうだろう。一部 ALT が直してはいるが、稲が成長する様子を彷彿させる作品になっていないだろうか。

第 2 部 　実践編

　豊かな感受性を育てるには、「なりきること」を何度も体験することが大切だ。同時に、大人も自分の感受性を磨かなければ、彼らのよさに気づけるようにはならない。

　なりきるためには、くどうなおこ氏の詩をノートに写してみるというように、手法を真似る体験が必要だ。子どもたちは物まねの天才。「学び」は「真似び」とも言う。仏教に「守・破・離」という言葉があるように、すべては「守」から始まる。習いごとでも、真似ることを徹底する。具体的にやり方を真似るうちに、自分の中にオリジナリティが生まれる。後は放っておいても、自分で進めていくようになる。

　このように、真似ることは、学びにおいてとても大切なプロセスなのに、残念ながら、それをまるでカンニングのようにとらえている人がいる。「物まねは禁止」と指示をし、友達の作品から学ぶことを厳しく戒めている。問題は、仕上げることを急がせ、個に寄り添った具体的な指導をしていないのが原因で、「形だけの模倣」が出てきてしまうことなのだ。

　これでは生徒の表現力は育たない。表現力を高めるには、直進型で進めるのではなく、途中に鑑賞や振り返りといった中間発表を入れて、学びの共有化を図り、最後にまた学習を個別化していくことである。総合的な学習も、このプロセスが大切になることを理解しておきたい。

3.4　創造的なタスクで夢が大きくふくらむ

　生徒をポジティブにするには、創造的な題材(タスク)を用意するのがよい。また、そのタスクは個人の中で解決するのではなく、集団の中で関係性を見つけながら学んでいくスタンスをとるようにしたい。子どもたちが本来もっている、自ら学ぼうとする力、気づける力(自然治癒力のようなもの)を引き出すためである。要は、体の中に眠っている未開発の力を刺激して、目覚めさせるのである。配慮したいことは、1 人 1 人のよさを互いに評価し、肯定するようにすることだ。それには夢を与える表現活動がよい。

　その夢が大きくふくらむ活動が、「海外旅行プランの作成」というタスクである。不定詞 (want to) や未来時制 (be going to / will) などを習った後で行う。言語材料のパタン・プラクティスではなく、伝えたい内容を中心

3. 自分が好きになり「これが私です」と言えるようにしたいので、いくつか単元が終わった後で行いたい。用意するのは、海外旅行の案内パンフレット（1人1冊）。旅行業者からもらってくる。費用はただ。人数分のパンフレット（沖縄や北海道の国内旅行も含む）を廊下にずらりと並べて、用紙を配って次のように言う。

行　程	訪問地	What's your plan ?　　What do you want to do ? ※できるだけ具体的に英語で書きなさい。
1日目		
2日目		
3日目		
4日目		
5日目		
6日目		

「これから夏休みの計画を立てます。行ってみたいところを選んで、パンフレットを1冊もってきなさい」

教室をダッシュで飛び出していき、パンフレット片手に戻ってきた生徒たちはもうウキウキである。

> 予算は70万円です。泊まるホテル、食べるもの、おみやげなどの計画も立てなさい。期間は1週間。計画表を作ったら、グループでパンフレットを見せながら英語で発表会をします。

カリブの海に行きたい、エアーズ・ロックを見たい、グランド・キャニオンに行きたい。きれいな写真を見ながら、気分はすでに旅行モード。このように、旅行者になりきることで、個々のこだわりが生まれてくる。

さらに「書きたい」という気持ちにするには、授業をオープン・エンド

にすることだ。まず、授業終了10分前に、交流の場を設定する。

> 書いたところまででいいですから、友だちの計画と交換しあってみましょう。交流の時間は5分です。ただし、アイデアが浮かんでもその場で書いてはいけません。5分経ったら止めと言います。席に戻ってから修正しなさい。

自分の席に戻ってきた生徒たちは、座るのももどかしそうに直し始める。いろんなアイデアに触れて、触発されたのだ。そうこうするうちにチャイムが鳴る。そこで教師は言う。

> このプリントを家で仕上げてきなさい。また、お家の方にあなたの計画を紹介しなさい。「いいなあ、行きたいなあ」って言ってもらえたら合格です。次の時間に発表会をします。

家族も巻き込むのである。家族は、生き生きと取り組むわが子の様子を目の当たりにして、学校ではずいぶん楽しいことをやっているんだなという感想をもつようになる。これで刷り込みはOK。
次の時間は、4人グループで発表会をする。パンフレットを見せながら、Show and Tellの要領で自分の計画を英語で話す。例を示そう。

> I am going to visit Canada, because I'd like to see beautiful nature, mountains, big lakes and Niagara Falls. This is Canada.（パンフレットを見せる）
> On the first day, I am going to visit Toronto. This is Toronto.
> Toronto is a very big city like Tokyo. I want to go shopping. Please look at this.（カナダの土産物のページを見せる）I'd like to buy this "Dream Cather". It's pretty.
> On the second day, I will visit Niagara Falls. This is Canadian Fall. It's bigger than American Fall. I want to see this Fall from the ship and from the tower.（後略）

3. 自分が好きになり「これが私です」と言えるように

　聞いた後は英語でやりとり(質疑応答)をする。一通り終わったら、どの計画が一番よかったか話し合う。それぞれの代表が決まったら、クラス全体で聞く。こうすると活動が「書く → 話す → 聞く」のようにリンクされ、学習者に学ぶ必然性が生まれてくる。生徒たちの感想をご紹介する。

○　とてもワクワクした。どこへどう行けば楽しくできるか、一体何がおいしいのかそんなことを考えながら、楽しく英文を作っていました。おもしろかったです。　　　　　　　　　　　　　　　　　　　　(男子)
○　英語現役の父に見せたら、「よくこんなむずかしいのできたな」と誉めてくれました。すごくむずかしい課題だけど、今まで習ったことが生かせていいと思います。　　　　　　　　　　　　　　　　　　　(女子)
○　初めてこんな授業をしたけど、英語の学習をしながら本当にアメリカに行ったような気持ちになれたので、とても楽しかった。　(男子)
○　お母さんは「考えるだけでも楽しいでしょ」と言っていた。本気で行くような感じで計画を立てていたからだと思う。とても楽しかった。いつか本当に実現させたい。　　　　　　　　　　　　　　　　　(女子)

　こういう友だちの感想を教科通信等で取り上げると、次の活動への内発的動機づけになる。

3.5　勘違いされている教師の「権威」

　学校行事や生徒会行事では、創造的で自主的な活躍を見せる生徒たちも、いざ授業となると途端にトーン・ダウンしてしまうことが多い。原因は教師にある。教師は、生徒の前では尊敬されたいという思いから、つい背伸びをしてしまう人が多い。大上段に構えて、命令や指示をしてしまいがちだ。それを教師の権威とはき違えている。むしろ、生徒には自然体、平常心で接したい。

　本当の教師の権威(カリスマ性)は、次の2つの場面から作られる。
　まず1つめの場面。それは、心の中に弱さも傷ももっている自分が、それでも人間として理想と夢をもち、努力しているという姿を見せることで

ある。弱さをもった自分を認め、弱さのある自分を愛するのである。勇気をもってこのような態度をとれた時にこそ、「生きることはすばらしいことだ。楽しいことだ」と感じられるようになり、生命感覚を力強く育てる源になれるのだと思う。

子どもの中にある「落ち着かない」とか「暗い」といった、自分が好まない部分や自分の理想に反する力があることも認めよう。それを自分のベクトルの向きに無理に向かせようとするのではなく、マイナスがあってプラスがある、陰があって光があるということを理解しようではないか。

子どもたちは、教師が心を開いて自分の過ちや失敗を語るときにこそ、教師を尊敬するものである。権威とは、決して力を誇示することではない。それは、生徒自らが大人の言動の中に尊厳を見出し、権威づけをするということである。ものごとに対して裏表なく、真摯に取り組む姿があれば「自分もああいう人になりたい」と思うようになる。

次に2つ目の場面。それは、教師が力量を見せるということである。授業が上手になることである。いい人だけではついてこない。力量をつけるには2通りある。最初の方法は、人前で数多くの研究授業をすることである。筆者も、何とか自分の信念に基づいた授業ができるようになったのは、人前で問題提起をする数多くのチャンスに恵まれたからである。富山県は呉羽山(くれはやま)を境に2つの地区に分けられる。富山を中心とした呉東地区と高岡を中心にした呉西(ごせい)地区である。幸運なことに、筆者は平成2年度に呉東地区(速星中学校)で、平成11年度に呉西地区(出町中学校)で研究授業をすることができた。それぞれ参観者は70名〜100名ぐらいであったが、準備をするためにいろんなことを考えた。いろんな文献を読み、実際に試し、東京で行われたワークショップにも身銭を切って参加した。すると、だんだん自分の弱点だった部分が見えてきたのである。

人前で授業をすることが自分の力になることを知った筆者は、以後、積極的に公開授業に取り組んだ。校内の互見授業、NIEの授業(新聞を扱った授業)だけでなく、東京都の教育委員会の視察、NHKテレビの取材を含め、他県から多くの方々が参観に来られた時も、どんなに忙しくても断らずに授業を公開するようにした。学校訪問(富山県は毎年指導主事の訪問研

修がある)も入れると、100回近く授業を公開し、指導案を書いただろうか。

　そしてもう1つ力量をつける方法は、実践論文を書く、人前で発表するなど、発信することである。つまり、自分の実践を振り返り、理論武装をするのである。まとめることで自分自身を意識することになり、借りものと自分のものとの区別がつくようになる。自分の座標軸が明確になれば、教育力が格段についてくる。と同時に、自分に自信が生まれてくる。

　筆者は、教師が力量をつけることと、生徒たちの心を育てることはちょうどコインの表裏の関係だと思っている。

4. 英語の授業でクラスを変える

4.1　思わず聞きたくなる、話したくなる授業をつくる

　中学生、高校生の知的好奇心はとても高い。しかし、中学校では彼らの英語力に合わせようとするあまり、メッセージや内容が小学校で学ぶような内容になりがちである。一方、高校では訳読が中心になるため、生徒は日本語で内容を理解しようとする。どちらも、ハッとするような刺激やワクワクドキドキするような興奮は少ない。

　生徒の内発的動機付けを図れるような授業を展開するには、いくつかの視点が必要である。この章では、それを実際に読者のみなさんと一緒に考えてみたい。(次ページの図を参照)

　写真や絵を提示するときは、グローバル教育でよく使われる、Photo Languageの手法を使うとよい。いきなり教師が説明しては、受け身になるだけである。まず、絵を黒板に貼り、英語で問いかける。

① Who are they?
② Where are they from?
③ What is she doing?
④ Where is their mother?
⑤ Why is she taking care of the baby?

第 2 部　実践編

【問い】
この絵を使って、生徒がもっと知りたいと思うような授業の展開を考えてください。

　生徒から意見が出たら、なぜそう思うのかを聞く。それぞれ出た意見に対して、他の生徒に「自分は賛成か反対か」という意見表明をさせる。授業に参加させるためには、このように自分の立場を明確にさせることが大切だ。Do you understand? / You got it? もいいが、Do you think so? / Do you agree? / Why? を使って尋ね、出た意見に対して教師が表情豊かに Oh, really? / No way! と反応をする。こうすると生徒も楽しくなってくる。これが学級を居心地よくするコツである。
　さて、自分の意見をもった後は、その結果や他の人の意見を知りたくなるのが人情だ。ここが教師の仕掛けどころである。揺さぶりをかける(知的にハングリーにする)と、クラスは一気にヒートアップする。教師が次のように言う。
　"She is Nepalese. They are sisters. She is taking care of her younger sister every day. Does she go to school?（2 seconds）No.（2 seconds）Why?"
　ここで、ユニセフの資料(日本の識字率とネパールの識字率の比較)を見せる。ネパールでは男性の識字率が 40%、女性はなんと 14% である。女の

人のほとんどが字が読めないという事実に愕然とする生徒たち。

それから Nepal を扱った教科書の本文に入っていく。「ネパールってどんな国？　もっと知りたい」どの顔も真剣だ。

いかがだろうか。絵または写真 1 枚からでも、観察と気づきを大切にすれば、生徒が「知りたい！」と思うような授業に発展させられる。実はこれは筆者の授業の 1 コマ。詳しくは後述する。

教師が多くの情報を与え、しかもていねいな説明をしていると、生徒は自立することはおろか、消化不良さえ起こしてしまうだろう。

情報が最初からたくさん与えられていたら、受け身になるだけである。一方で、情報が足りなければ、「もっと知りたい」「なぜ？」と考えるようになる。不足する情報を補おうとするようになる。情報は十分に集めておくが、一度には出さない。必要に応じて小出しにする。

教師の「これを教えなければ！」という思いが強ければ強いほど、逆に生徒の心はさめて離れていく。要は教師の遊び心次第。教えたいことは直接教えない。仕掛けて間接的に気づかせる。これが「知的にハングリーにする」コツである。

4.2　筆者の授業が大きく変わった理由

筆者がショックを受け、授業が大きく変わるきっかけとなったことをご紹介する。1992 年の 7 月下旬。富山県の立山山麓で「国際青年の村'92」が開かれた。日本全国から 150 人の若者と、世界 20 か国から 150 人の若者が集まった。1 週間寝食を共にし、地球上で起きている問題について討論をしたり、アクション・リサーチをしたりするというものである。

ちょうど筆者は A グループのリーダー(司会や世話)を務めていた。会議の中で、モルジブの青年が地球温暖化のために母国が海中に沈もうとしている現状を訴え、インドの女性がいまだにカースト制度のなごりで女性が差別を受けていると訴えた。ドイツやフランスから来た若者たちは AIDS が身近な問題になりつつあることを発表し、ブラジルの青年がストリート・チルドレンの問題を取り上げた。彼らは、たどたどしい英語でなんとか自分の思いを伝えようと必死に語りかけ、また他の話に真摯に耳を傾けた。

第2部　実践編

だが、わが日本代表の若者たちはいっこうに口を開かない。英検2級をもっているような青年たちである。日本の青年たちが、だんだん蚊帳の外に置かれていくのを見て、いたたまれなくなった筆者は、休憩をとると彼らに尋ねた。

「どうして意見を言わないの？」

するとぼそぼそと「だって、あんなこと考えたこともない」「ただ圧倒された。みんな、同じくらいの年なのにすごいなって」。

筆者は愕然とした。いくらコミュニケーションが大切だと言っても、自分の意見がなければ、意志の伝達をする必然性が生まれないということを痛感したのである。

ショックを受けた筆者は、教科書をこなしていくのではなく、もっと話したい、聞きたい、読みたい、書きたいと思うようなタスクを与え、メッセージを中心にした授業が必要だと考えた。Show and Tell やディベートを始めてはみたものの、教科書につながるようなタスクがなかなか考えられずに悶々とする日々を過ごした。

そしてついに、グローバル教育カナダセミナー '98 に出会ったのである。グローバル教育カナダセミナーでは、Photo Language, Time Line, Diamond Ranking, Wooly Thinking, Needs and Wants などのアクティビティを体験し、心地よさと同時に大きな可能性を感じた。ちょうど、構成的グループ・エンカウンターと授業がドッキングしたとお考えいただきたい。学習したことを振り返り、集団の中で気づきが促進されるたびに、学ぶことが楽しくなっていくのである。以後3年間、筆者の中で革命が起きた。すべてのことが有機的につながった。

4.3　「ネパールってどんな国？」──3年関係代名詞──

クラスを変えるには、驚きやギャップを意図的に創り出すことである。いくつかその授業の具体例を示すことにする。また、その授業を参観された方の視点も同時に示す。複眼的に授業を見ていただき、分析していただきたいからである。4つの授業をご紹介する。

最初にご紹介するのが、「ネパール」を取り上げた授業(*Sunshine 3*, Program 6: "Sharing for Self-help", 開隆堂）である。4.1 でご紹介した手法が含まれている。全国からの参観者も含めて 70 名くらいになったので、体育館で行った。

(1) 学習の必然性をつくる

まず、ネパールの知人から聞いた話や資料（驚きのある情報）をもとに、日本との違いを浮き彫りにする。ペアで、それぞれ A と B の異なった情報を読み、驚いた部分を蛍光ペンで塗る。次に、レポーターとして相手にそのチェックした情報を英語で伝える。こうすると、生徒たちは自己責任と共にコミュニケーションの必然性を感じるようになる。

(2) 驚くことを自分で気づけるような活動を仕組む

主人公の医師が衝撃を受けたネパールの識字率の低さを問題意識として実体験できなくては、題材のもつよさが生きてこない。

そこで、1 枚の写真（女性のための識字学校）をポスタープリンターで 1 m² に拡大したものを見せて What are they doing? と問いかけ、ペアで話し合わせる。「踊っているところ?」、「美人コンテスト?」いろんな反応が出る。答を言わずに、すかさず TT で teacher's talk に入る。ALT が「喉が乾いた。水を飲みたい」と尋ねる。

JTL は、それぞれネパール語で「水」「薬」「毒」と書かれたラベルを貼ったコップをもってきて、選ぶように言う。ALT は当惑して言う。"No, I can't choose. It's dangerous!" 文字が読めないとどんな気持ちになるかを生徒に尋ねた後で、前述したユニセフのデータ（日本とネパールの大人の識字率を比較したもの）を見せる。彼らは、大きなショックを受け、同時に拡大した写真と 3 つのコップが何を意味していたのかに気づくようになる。

(3) 「振り返り」で学習を深める

スライドにより、1 時間の学習を振り返り、学習内容をおさえる。1 時間の学習でネパールについて考えたことを振り返り、グループで日本語で発表し合う。深まりを生むためである。5 分経ったらジャンケンポン。勝った

第 2 部　実践編

生徒がレポーターだ。話し合った内容を英語で紹介する。こうすると「お客さん」がいなくなる。

　授業を参観された筑波大学附属中学校の肥沼則明氏が、『英語教育』2001 年 3 月号(大修館書店)に書かれた授業分析があるのでご紹介しておこう。

1.　授業の「名人」とは

　授業の「名人」とはどのような教師を指すのか。まずは筆者が考える「名人」の条件を示すことにする。

1　授業の展開が明快かつ論理的である

　「どうしてそこでその活動をやるの？」「その順番で教えちゃ生徒は理解できないよ」などという疑問を見ている者に抱かせないのはもちろん、目が肥えている参観者をも「う〜ん、なるほど、そうか！」とうならせる授業展開ができる。

2　目を輝かせて活動する生徒を育てている

　授業は教師と生徒の相互作用で成り立つものであるから、日頃の指導の良し悪しは授業中の生徒の顔と動作を見れば一目瞭然である。1がどれほどうまくても、生徒不在の一方的な展開をしている教師は「名人」ではない。

3　英語の運用力が高い生徒を育てている

　英語は使えるようにならないと意味はない。3 つ目の大切な点は、生徒に十分な英語の運用能力を身につけさせているかということである。1ができていても、2ができていても、最終的にこの点が満たされていないと「名人」とは言えない。以上の 3 点を高いレベルで満たしている教師を「名人」と定義することにする。

　ここでは、「名人」の 1 人中嶋洋一氏の授業から、ある場面を取り上げ、その指導の妙を紹介することにする。"ある場面"に限定するのは、その場面を見るだけで学べることは山ほどあると考えているからである。方法は、授業をつぶさに観察してすべての指導事項を抜き出し、それぞれがどのような考えのもとに行われたのかを直接本人に確認するというものである。

2.　中嶋洋一氏の場合

　人間愛に根ざした授業内容、完璧なまでの授業展開、育てた生徒の素晴らしさ等を総合して、氏はまさに「日本一の英語教師」といえる。中学校

4. 英語の授業でクラスを変える

教師の間ではカリスマ的存在で、氏と一対一で話をすると信念のやわな教師はもろくも崩れ去ってしまう。

ここでは中嶋氏が平成 11 年 10 月 14 日に実施された公開授業(中 3)の中から Information Gap & Reporter という、生徒が初めて読んだ文章の内容を相手に伝える活動の指導を取り上げる。

① 説明がわかったかを OK? You got it? と確認した。(生徒は Yes!と元気に答えた)
② 3 分間で読むことと活動後にレポーターになることを強調して説明した。
③ surprising information にマーキングすることを指示した。
④ タイマーを持ちながら巡視・指導した。残り時間(1 分 30 秒)を言った。
⑤ 活動を終了させ、プリントを裏返すように言った。
⑥ 壁に向かって 3 分間練習することを説明した。(ア)
⑦ タンバリンを 2 度鳴らしたら戻ることを説明した。
⑧ 3 分後にタンバリンを鳴らして戻るように指示した。
⑨ 情報を覚えたか？　もっと時間がほしいか？　を尋ね、延長時間を申告させた。(イ)
⑩ 2 分延長時間を与えることを宣言し、自分の席で読ませた。
⑪ パートナーに自分の情報を伝えるように言った。
⑫ 立たせて場所を移動させて対話させた。　　　　　〈以下略〉

さて、授業分析の目の肥えた方なら、この観察記録を読んだだけで、中嶋氏の指導のすばらしさを理解できるであろう。しかし、そのすべてをここで指摘するスペースはないので、ここではすぐにでも読者の方が自分の指導に生かせる 2 点のみを取り上げることにする。

下線(ア)の指導は、中嶋氏ご自身は「スピーチの練習は基本的には空(そら)で言わせることが大切だと思っています。(中略)頼る物があれば人は努力しなくなります」と考えて実施されている。ワークシートを持たせたままでやらせる指導はもっての他として、実はそこをクリアした教師でも生徒に十分な練習時間を与えずにすぐに目標とする活動に入ってしまうことが多いものである。これでは生徒は自信をもって望むことができず、結果として質の高い活動にはならない。「生徒は自分がやろうとすることに自信がもてれば、意欲的に活動するものです。」という生徒の心理を真に生かし

69

第2部　実践編

た指導の例と言える。

　下線(イ)の指導はさらに筆者をうならせた。生徒に活動時間を与えるとき、並の教師なら必要・十分な時間を与えてしまうが、中嶋氏は5分かかると見込んだ練習時間に最初は3分しか与えなかった。「最初から十分な時間を与えてしまうと、生徒は集中して取り組もうとしません。」つまり、緊張感を与えることが質の高い活動をさせるための大きな要因になっているというわけである。ところが、氏のすごいところはこれだけではなかった。さらに生徒に How many minutes do you want? と尋ねて必要な時間を申告させたのである。普通の教師なら、OK, I'll give you two more minutes. としてしまうところである。その理由を氏は「必要な時間を申告させれば、生徒は自己責任を持って活動します。」と述べている。そして、最初に十分な時間を与えなかったことと合わせて「知りたいと思う、上手にできるようになりたいと思うハングリーな気持ちにさせることが大切です。」と、この一連の指導の意図を語っている。

　ここで取り上げた指導上の留意点の効果は筆者自身が実証済みである。昨年度、附属高校との人事交流で教員になって初めて受け持った高校1年生の OCA 授業で、中嶋氏が実践されたのとほぼ同様の内容の活動を筆者が行ったところ、生徒はそれまで見られないくらい意欲的に活動した。そして授業後には、「久しぶりにやりがいがあったよ」という感想を多くの生徒から聞いた。　　　　　　　　　　　　　　　　　　　　（後略）

4.4　「割りばしと新聞から環境問題を考える」——2年不定詞——

　次にご紹介するのは、「カナダの新聞日曜版と割りばしから環境問題を考える」(中2)という授業である。これは *Sunshine 2* の Program 7: "Sea Forest" という題材のところで行った。内容は、マレーシアでマングローブの木を育てた日本人のサクセス・ストーリーである。確かに環境問題を扱っているが、残念ながら生徒にはピンと来ない。マングローブの木など見たこともない。そこで、身近なことに結びつけることにした。しかも自分でハッと気づけるように展開を工夫してみた。

　最初の導入の teacher's talk で ALT と JTL が My Favorite Country のトピックで話し合う。JTL は、カナダは大好きだが、カナダの新聞の日曜

版を見て驚いたと言いながら、100 ページもある実物を机の上に置く。ここから仕掛けが始まる。

「ほとんどが広告だが、みんなこれを読むのか？ これは waste じゃないか」と挑発的に言う。打ち合わせどおり ALT も負けてはいない。「紙は再生できる。それよりこれは何だ？」と割りばしを見せる。「これこそ waste の最たるもの！」

目の前で始まった論戦に、生徒は目をパチクリ。驚きながらも何を興奮して話しているのか真剣に聞こうとする。仕掛けにのってきた！ と思ったら、彼らも巻き込む。

割り箸の消費量(なんと 1 日に 1 億 3000 万本!)を最初から提示しても生徒はピンと来ない。そこで、彼らのよく知っているお店で 1 日に消費されている割り箸の量を予想させる。それ(100 本)を実際に見せる。次にその店の 1 ヵ月分、1 年分を計算してみる。砺波市にあるレストランの数を予想し、市全体分を計算する。膨大な量になることに驚く。ここではじめて全国の 1 日の消費量を予想させ、「1 億 3000 万本」を提示する。こうすると、どの子も「エーッ!?」と言って絶句する。

この木はいったいどこから来るのかという問題から、環境問題に入っていく。廃材利用をおさえた上で、ALT は、自分の生まれた町には日本の割りばしを作る工場があることを伝え、山がどんどん禿げ山になっていく現状を悲しそうに語る。生徒はショックを受ける。ビニール袋、過剰包装等、もっと身近な問題についても考えてみようと問いかける。

(1) class design の必要性

研究授業などを見せていただくと、多くが target sentence の定着のための活動になっているように思う。しかし、文法を定着させるためだけの単発的なゲームや、異なる情報を見つけるだけの information gap や interview ゲームでは、決して生徒たちの知的好奇心は喚起されない。

原因は教師側のステレオタイプの思考にある。

新出単語を説明し、文法を板書で説明してから教科書を 1 section 1 period (1 時間に 1 ページ終わらせる)でおさえるという教え方では、いつま

第2部　実践編

でたっても生徒は受け身である。そこではメッセージを共有し合おうという態度は生まれない。内容が生徒にとって価値が高く、魅力的でなければ、知りたい、伝えたいという気持ちにはなれない。また、必要以上に slow learner のことを心配し、日本語を多用する、単語量を規制するという指導では、本来もっている学び取る力、自分で気づく力、自立しようとする力はいつまでたっても発揮されない。つまり、教師主導型の一斉指導ばかりでは、生徒同士が関わりやつながりをもてないということだ。もっと振り子のように学習活動と言語活動のバランスをとることが必要だろう。その全体構想を練ること、つまり class design が大切なのである。

(2)　音読が自信の源に

　筆者は「音読」がすべての基本だと考えている。自分が読めないものは聞き取れない。生徒に音読の声を大きくすることを要求しているのは、音読によって自分自身が英文音声をインプットしていることになるからである。そして、速さに慣れるように、英語圏で話される自然な英語の速さ（1分間に150語〜200語）で音読するように要求している。この音読の訓練を徹底すると、生徒の聞く力、読む力が驚くほど伸びる。

　ただし、音読は意味をしっかりととった後で何度も練習をすることが大前提である。2年の生徒は1年の教科書と2年の教科書を閉じたものを使う。3年は教科書を3冊綴じ込んで使う。これで時間さえあれば、自分の実態に応じて、しかも計画的に音読練習をすることができる。1つの単元が終わったらもう読まないということが多いようだが、これほどもったいないことはない。大切なのはフィードバックである。速く読めるようになると、生徒たちに自信が生まれてくる。

(3)　単語の導入は教師のビジョンで

　よく単語の指導をどうするのかと聞かれることがある。筆者がよく行うやり方は2つある。1つは、新出単語などを英語で Show and Tell のように説明するやり方。そして、もう1つは、類語をまとめてビンゴで行うやり方である。割りばしの授業の時は、前時の4時間の中で環境問題に関す

る単語ばかりを集め、長勝彦氏のやり方を自分流にアレンジしたビンゴ・シートを使って授業の最初に5分ぐらいずつビンゴを行った。例えば、教師がビンゴのBの欄からenvironmentという単語を選んだら「B, environment, environment」というように、できるだけ速く単語を読む。生徒はそれを即座に繰り返す。生徒が自分のシートに見つけて〇印をつける間に、教師はタイミングよく日本語で「環境」と言う。早く読んでいくので誰もが真剣だ。大体クラスの1/3の生徒がビンゴ(複数の「ビンゴ!」も可能)になった時点で終了する。

　4回ぐらい行えば、もう生徒たちはその単語を覚えてしまう。後は、日常のsmall talkでどんどん使うようにする。また、このやり方なら、中1の初期の段階でも動詞をかなりの数教えることができる。動詞の数が増えれば表現活動もぐんと広がる。

　教科書には、感情に関することばがあまり出てこない。筆者が10年間作ってきた英語卒業文集にどんな単語が使われているか、ALTと協力してコーパスを作ってみたことがある。驚いたことに、教科書で習った単語より自分の内面を語るような感情表現の方が数多く使われていることがわかった。生徒たちにとって自分を表現することばが一番身近であり、使いたいことばなのである。それからは、ビンゴ・シートでまとめて感情に関する言葉を教えるようにした。知りたいこと、必要感のあるものは定着しやすい。今回、生徒の感想にたくさんの環境に関する単語が出てくるのも、実はそういう裏の仕掛けがあったのである。

(4) 授業に「必要感」を作り出すコツ

　language functionや文法中心の考え方だと、ターゲット・センテンスの導入の時に、一般的な英文を使って提示しがちになる。言葉を分析的に学ばせようとするからだ。ちょうど、それは家を分解してそれぞれのパーツを説明するというようなものである。これでは、家という全体像がいつまでたっても見えない。だから必要感も生まれない。そこでメッセージ中心の授業にする。

　メッセージ中心の授業を展開するには、フレームワークをしっかりと

第2部　実践編

作っておくことが大切だ。どんな組み立て方をすれば生徒が必要感を感じるようになるかということを考えたい。生徒にとって身近なものを、エッと驚く内容に仕立てて、それを環境問題につなげていくのがコツである。こうすると、自ら問題意識をもつようになる。

さて、授業の最後に班で「振り返り」の時間を与えてこう聞いた。

① What did you feel?
② What did you learn?
③ What will you do?

生徒たちの声(レポート)をご紹介する。(ほぼ原文のまま)
① **What did you feel?**
"I think we are destroying the earth because we are destroying the environment. We make carbon dioxide and CFCs. So we have a big hole on Ozon layer."　　　　　　　　　　　　　　　(S. H.)
"I think Japan is very strange because Japanese people always say 'We should preserve our earth.' But people don't think about our environment. They make carbon dioxide, they cut down many many trees. Do you preserve the earth? Do you think about the environment? DO YOU? I love the earth. And I love animals, forest, blue sky and blue sea. I want to preserve the earth. I want to live with nature."
(S. M.)
"I was very shocked because I understood packing was very bad! It is a waste of our earth's resources. And it is dangerous to use too much plastic bag. We shouldn't make such rubbish."　　　(K. A.)
② **What did you learn?**
"We learned CFCs is very dangerous. I was very surprised to know CFCs is very light and it's destroying Ozon layer. Ozon is very important for us. Also I learned recycling is very important and global warming is a big international problem."　　　(S. K.)
"I was very shocked. We are breaking our rain forest. And we make many rubbish and garbage. It is [we destory rain forest] → [we make garbage] → [we burn garbage] → [we make carbon dioxide] →

[there is a big hole in ozon layer] → [we have global warming]. We mustn't repeat it. (S. H.)

③ **What will you do?**
"I will recycle milk pack and Styrofoam（発泡スチロール）tray. I'll collect cans when I see them on the street. I will use electric car when I become adult." (T. S.)

"I must reduce garbage and rubbish. I must think of pre-recycling." (K. A.)

"We have a lot of things to do. We should start recycling. We should stop cutting too many trees. I'll buy and use recycling paper. I'll reduce using many resources. I used to buy many mechanical pencils and I didn't use many but I'll use one thing for a long time." (T. T.)

授業をご覧になられた本多敏幸先生(江東区立深川第八中学校)の感想と分析をご紹介する。

授業を録画した者として、ビデオカメラの REC ボタンを押したところから順を追って分析してみたい。8点ある。
① 全員がペアとなり一生懸命に音読練習をしている。
　まず、ラップ音楽が雰囲気を盛り上げている。中国映画『クレイジー・イングリッシュ』を見て早速取り入れたそうである。ラップ音楽はワン・ツー・スリーの3秒。メトロノームのようにリズムを作る。生徒もノリやすいようで、ラップ音楽の大きさに負けないように大きな声を出している。授業開始のチャイムが鳴る前から生徒のギアはすでにトップに入っている。生徒は音読の重要性をよく知っており、はっきりとした目的意識をもって活動している。
② 中嶋先生の問い掛けに生徒がよく反応している。
　これはシャドウイング*で鍛えられていることが大きい。中嶋先生とコ

---

*シャドウイング：元来同時通訳の訓練方法で、外部からの音声的インプット(話される文やテープレコーダーなどから流される文)を聴きながら、それにわずかに遅れて、聞こえたとおりにリピートしてゆく練習のこと。逐次リピートとは異なって、自然に(つまり人為的にポーズを入れずに)流される音声的インプットを聴き取る作業と、聞こえたとおりリピートする作業が同時進行で行われることが特徴。

リーン先生の速い英語をもらさず聞こうとするのは、速さに慣れているからだろう。そして大切な指示やメッセージがテンポよく英語で伝えられていくことが、学習への必然性を高めている。

③　small talk では、3つのトピックから選択して自由会話を行う。

　「このトピックで話しなさい」と活動を限定する教師が多い。中嶋先生は普段から生徒に選択させている。こだわりをもたせるためらしい。確かに、自分で選ぶことで自己責任を感じるのだろう。活動中、生徒は相手の言った情報をマッピング(ウェビング)* しながらも、相手と常に目を合わせようとしていた。ふつう、メモすることばかりに気をとられ、相手とアイ・コンタクトを取ろうとしなくなるものである。それなのに、2人は顔の表情豊かに、時折ジェスチャーをはさみながら会話を行っている。中嶋先生がふだんから生徒に「コミュニケーションとは何か」をしっかりと考えさせているからこそ、生徒はこうした行動が自然にできるのだろう。

④　会話で得た情報をレポートさせる。

　このレポーティングという活動は、とても大切なコミュニケーション活動である。スピーチやチャットなどで、自分についての情報を相手に伝えることで終わりにするのではなく、得た情報を相手に伝えるという指示があれば、活動がリンクしていく。今やっていることが次の活動に必要になるとわかったら、集中力は格段に増す。

⑤　レポート中も生徒にタスクを与える。

　レポートをするのは1人だが、その他の生徒はレポートの内容をメモし、あとで ALT のコリーン先生の質問に答える。ただ話を聞くだけ、英語を聞くだけという場面がほとんどない。必ず、そのあとにリンクする活動が待っている。生徒はそれをよく知っている。とにかく話をよく聞く。「まず聞く」ということがコミュニケーションの原点だということを体得している。

⑥　ALT のコリーン先生の質問は what, why, when, where に関して焦点化されている。

　情報を聞く際の基本は what, why, when, where, how, who, who with

---

*マッピング(ウェビングとも言う)：ノートやプリントの中央に、「環境」、「京都」などの中心となるトピックを書き、それに関連することを思いつくままにつなげていく。その時に、深く関連するものを線でつなげていく。インターネットのリンクと同じやり方である。

を聞きとることである。生徒はそのことに集中しており、コリーン先生の質問もそれに限っているので、生徒は自信をもって答えられる。中嶋先生は欲張らずに基本を徹底し、それを焦点化している。

⑦ 既習事項がうまく組み込まれており、テンポもよい。

生徒は日頃見かけないものを見ると、カラーの使い方や写真などを見て、いろいろなことを考えて口にするのがふつうであるが、中嶋先生と ALT の会話のテンポがよく、余計なことを考える暇がない。2人の会話を聞いているうちに、生徒たちは今までにいろんなところで学習した関連事項を思い出していたにちがいない。

⑧ 自分の立場で意見をもたせている。

環境問題に関して今までに学んだことをポスターのようにしたものを数枚壁に貼り、ペアでそれを見る。そして How do you feel? (What do you think?) What did you learn? What will you do? と考えなければならないポイントがコリーン先生から示される。生徒同士で日本語で意見を交換し、発表するときは英語である。生徒の発表する意見について、聞く側は個々に I agree. I don't agree. と自分の意見を表明する。これはとても大切なことである。1つ1つの意見について自分はどう思うのかを考える習慣をつけることは、英語のみならず、いろいろな機会で実行させたいことだ。

生徒の英語で述べる意見はもちろん文法上の誤りはある。しかしなんとか意味が伝わる限り、中嶋先生もコリーン先生も誤りを訂正しようとしない。私が最も感心したのは次のことである。生徒は一生懸命考えながら自分の意見をクラス全体に言おうとしている。他の生徒は発表者の方を向き、真剣な眼差しで見ている。そして、発表者が言葉をさがして何秒かの間があったとしても、中嶋先生も他の生徒も静かに発表者が発話するのを待っている。個人の意見を尊重する。個人の意見を尊重させる。それが伝わってくる。

生徒にとって心に残る授業とは、どんな授業がそうなのかを改めて考えさせられた。

4.5 「身近な性差別」──2年比較級──

3つめにご紹介するのは、gender bias（性差別）の授業である。*Sunshine*

第 2 部　実践編

2 の Program 8: "A Cleanup Campaign" のところで行った。ここも環境を扱っている。しかし、年度当初に、環境単元が続くことから視点を変えて gender bias を扱おうと考えた。

比較級を学ぶときは、よく面積や長さ、重さなどを比較することが多い。どうしてもクイズ形式のものになりがちだが、もっと自分の中に存在する価値観を比べてみるようにしたい。意欲が格段に違ってくる。

例えば、以下のように尋ねてその理由を聞く。

Which is more important, money or love?

Which is more attractive, going on a picnic or swimming in the sea?

Which is sadder, lost love or bad grades?

こう聞かれた生徒たちの顔は真剣である。small talk で仕掛ければあちこちで舌戦が始まる。「やめ」と言ってもなかなかやめようとしない。

(1)　「男のくせに」「女の子らしく」が当たり前?

性差別を授業で取り上げるようにしたのは、男女の役割について fixed idea が見られたからである。クラスでアンケートをとったところ、男女の考えに大きなギャップがあった。アンケートの内容とその結果を示す。

1) Men are stronger than women.
   Boys: Yes, I think so（47%）Girls: I can't say.（42%）
2) Women are kinder than men.
   Boys: Yes, I think so.（47%）Girls: Yes, I think so.（35%）
3) Men are more active than women.
   Boys: Yes, I think so.（62%）Girls: No, I don't think so.（78%）
4) Women are smarter than men.
   Boys: Yes, I think so.（70%）Girls: Yes, I think so.（70%）
5) Men should be cool and fun.
   Boys: Yes, I think so.（53%）Girls: Yes, I think so.（100%）
6) Women should be pretty.
   Boys: Yes, I think so.（55%）Girls: I can't say.（53%）
7) Men must work harder than women.
   Boys: Yes, I think so.（47%）Girls: Yes, I think so.（58%）

8) Women must work harder than men.
   Boys: I can't say. (47%) Girls: No, I don't think so. (47%)
9) Men are better leaders than women.
   Boys: Yes, I think so. (65%) Girls: Yes, I think so. (42%)
10) Women take care of children better than men.
    Boys: Yes, I think so. (80%) Girls: Yes, I think so. (80%)
11) Men should make more money than women.
    Boys: Yes, I think so. (47%) Girls: Yes, I think so. (58%)
12) Women should stay at home.
    Boys: Yes, I think so. (55%) Girls: No, I don't think so. (90%)

（2） 柳瀬陽介氏の授業参観レポート

当日、授業を参観された広島大学の柳瀬陽介氏が書かれた感想があるので、それで授業の足跡をたどってみることにする。

　私は中嶋さんに最初に達人セミナーでお会いして以来、何回となく話を聞き、本を読み、ビデオも見てきたのですが、やはりまだまだ中嶋さんの実践の何分の一、いやひょっとしたら何十分の一も理解していなかったのではないかとも、今回授業を見学させてもらって感じました。もちろん一回の見学でわかることも非常に限られたことです。人の営みを理解するということは奥が深いものだと思わされました。

（1） 徹底した音読・リスニング・シャドウイング
　中嶋さんの実践において音読とリスニングとシャドウイングは私の予想以上に重要な役割を果たしていました。ひょっとしたら音読とリスニングとシャドウイングは中嶋さんの実践の根幹をなしているといえるのかもしれません。私たちはまず二年一組に入っていったのですが、これがなんら特別の時間でもないのに生徒がペアになって音読・リスニング・シャドウイングを繰り返していました。二年生なら一年生時と二年生時の教科書を重ねあわせた合本を持って、生徒の一人がある課を音読。もう一人の生徒がそれを聞いて(リスニング)、聞いた端から口で再生してゆきます(シャドウイング)。この熱気には正直驚いてしまいました。私が中嶋さんの授業を実際に見に行こうと思ったのは、このような本やビデオでは伝わりにくい

全体的な雰囲気を確認したかったからなのですが、最初から圧倒的な熱気を感じて私はやはり実際に見に来てよかったと心から思いました。

　生徒の音読するスピードはかなり速く、シャドウイングする方も(時につまることこそあれ)それに負けないようなスピードで英文を口頭再生していました。しかもこれがチャイムが鳴って教師が入ってくる前の自主練習というのだから驚きです。何らかの理由によって、あるいは時にはわざと中嶋さんが遅く入ってきても(中嶋さんは通常は常にチャイム前に入室しているそうです)、生徒はこの活動を飽きることなく、それこそ一時間でもやっていると言います。

　この徹底的な訓練のおかげで、授業では中嶋さんや ALT の Koreen さんのナチュラル・スピードの英語(日本の英語教育の「常識」からすると速すぎるぐらいのスピードの英語)にも、ほぼ的確に反応することができるのでしょう。

(2)　学習集団を育てるということ

　先に述べたような授業前の自習が可能になるのも、中嶋さんが用意周到に学習集団を育てているからのようです。中嶋さんは、生徒に「この人となら一緒に勉強してもよい」というアンケートを取って、それを元にしながらペアを決めます。うち一人にはペアリーダーとしてやってもらえるかを打診し、その同意を受けて任命します。ペアリーダーは日頃の活動の様子や成績などから総合的に判断し選んで打診をするそうです。そうして個々人の希望と同意のもとにつくられたペアではお互いがお互いをケアする関係がうまれます。

　それでも次第に慣れるうちには、ペアリーダーがペアの相手を小馬鹿にしたような態度をとることもあるといいます。そんな時に中嶋さんは、必要に応じて怒鳴ることもいとわずに、そのようなことは絶対に許さないことをクラスに示します。

　こうして学級が、ただの人の集まりから、お互いにケアしあい、一人一人できるだけ伸びてゆこうとする学習集団へと変容してゆきます。この自律的な規律に基づいた学習集団があってこそ、中嶋先生の様々な「仕掛け」も有効に働くのかもしれません。逆に言うなら学習集団づくりの基礎なくして、いくらうわべだけのテクニックを真似しても必ずしもうまくいかないと言えるでしょう。

(3) メッセージとコンテンツの重視

中嶋さんは言語はメッセージを伝える媒体、自己表現と他者理解を相互におこなうための媒体という考えを重視しているようです。まるで、メッセージやコンテンツ(内容・中身)のない言語はもはや言語ではないといわんがばかりです。

二年生の授業では比較級が扱われたのですが、その授業でも中嶋さんは前の時間に "Men are stronger than women" "Men should make more money than women" — Yes, I think so / I can't say / No, I don't think so といった 12 問の英語アンケートをやっておき、当日はその結果を模造紙にはって ALT との英語で掛け合いのトークやスキットをはさみながら次々にアンケート結果を英語で発表してゆきます。

この時、生徒はまさに身をのりだすようにして結果を見ますし、結果を告げる英語に従って実に自然に「エーッ?」といった声をもらしています。そうやって自分たちがもっている gender bias を目の当たりにした生徒に中嶋さんは、"Who is busier, father or mother?" と問いかけ、やはり女性の方が忙しくこまめに動いている家庭が多いことを確かめた上で "Why?" とたたみかけます。

その時、生徒は実に真剣に困惑し、考え込んでいる顔をしていました。英語がまさに生徒の心をダイレクトにつかんでいるのです。見事な言語使用 (language use) になっている授業だなと感心しました。言語用法 (language usage) の見事な display をする授業は珍しくありませんが、このような authentic な言語使用の授業は、私は他にあまり例を知りません。

(4) 自由で自律的になるための訓練

授業中、いや授業前から生徒の集中力は物凄いものがあります。シャドウイングは真剣だし、メモ(マッピング)を書くのも速いし、*机の移動なども迅速です。また中嶋さんも笑顔になっている時間より、厳しい顔をしている時間の方が圧倒的に多いです。

単純に考えるとこれだけ集中したら疲れきってしまうのではないかと思い、二三人の生徒に授業後尋ねてみましたが、皆「授業は楽しい」と答え

---

*机の移動なども迅速...：コミュニケーションを成立させる集団づくりに、学習規律は欠かせない。普段から、何のためにする活動であるか、それをするとどんな力が身につくのかという目的を伝え、常に時間を意識させている。もちろん、その土台となるのは生徒と教師の人間関係にあることは言うまでもない。

第2部　実践編

ていました。
　秘密は、これらの活動が生徒が自由で自律的になるための訓練になっていることだと私は考えました。マシーンを作り上げる訓練なら「右向け右、左向け左」「急げ、急げ！　もっと急げ‼」などの指示の連続で、指示を受ける方は肩に力が入り、眉をつり上げながら、ひたすら自分の内なる声を圧殺して指示に従います。
　中嶋さんの施す訓練はこれとは全く異なります。中嶋さんの指示にはほとんどすべて生徒の自己決定の余地があります。全員が決められた課題を一様に行うのではなく、生徒一人一人、あるいはペア一つごとが、例えば英語課題のトピックや課題遂行のスピードなどを自分(たち)で決めます。そんな自己決定に基づく課題遂行だからこそ、生徒は自発的な向上心を発揮させ、授業を「楽しい」と感じるのではないでしょうか。
　　　　　　　　　　　　　（http://ha2.seikyou.ne.jp/home/yanase/ より）

（3）　心が動いたのはなぜ？（生徒の感想より）
○女子は男子に比べて、とても窮屈なことを言われているとわかった。僕たちも言っていると思う。この授業で、僕が今までそういうことを言ってきた人に謝らなければならないと思った。　　　　　　　　　　　　　（男子）
○私は、よく父母から「女なんだから、おしとやかにしなさい」「家事をしなさい」「礼儀よくしなさい」こんなことばかり言われます。でも、私は木登りが大好き。料理よりも木工の方が得意だし、好きな色は黒と青、嫌いな色はピンク。逆に弟は、読書が好きで掃除、洗濯が得意。色は赤色が大好き。男だから、女だからなんて、絶対に関係ない。能力だって変わらないから、女の人もどんどん活躍するべきだと思います。先進国が性差別なんて聞いてあきれますよね。もっと互いに理解し合うべきだと思います。
　　　　　　　　　　　　　　　　　　　　　　　　　　　　　　（女子）
○女の人で力がある人、夢のある人、創造力(想像力)のある人がいても、「家で家事をしなければいけない」と言われるのであれば、社会で活躍できない。男の人も手が器用で家事が得意だとしても、「男は力が強く、仕事ができて、出世しなくてはいけない」と言うのは、その人たちがもつ才能や個性がまったく生かされなくなって、人生がつらいものになってしまうと思う。昔の習慣で大切なものはあるけど、こういう差別は私たちの時代でな

んとか変えていきたいと思う。　　　　　　　　　　　　（女子）
○お母さんばかりがつらい目にあって、そんなの変だと思う。男だって泣いたっていいと思うし、料理をしてもいいじゃないか。昔は、どうして「男のくせに」「女のくせに」と言われるんだろうって考えたけど、今はあまりにも生活に密着しすぎていて、気づかなかった。いつか、男も女も、家事を分担して、自由に職業を選べる日が来たら素敵だと思う。　　（女子）
○性差別をすると、世の中から物事をいろいろな見方をする人が減っていき、逆に頭が堅い人が増えると思います。　　　　　　　　　　　（男子）

4.6 「クラス対抗の英語ディベート授業」――3年統合的な活動――

最後に、松本茂氏(東海大学教授)と仕掛けた3年1組VS2組のクラス対抗・英語ディベート授業(中学3年)についてご紹介する。

論題は Mr. Matsumoto Should Live in Toyama. 松本氏には、ゲスト・コメンテイターでジャッジという立場になっていただいた。2人の仕掛けは次のとおり。

- 対戦当日までに各グループで、松本先生に英語で e-mail を送り松本先生に関する情報を得る。
- それをもとにチームで作戦を練り、具体的な立論や反駁を考える。

松本氏は東京在住。「東京と富山を比べてどっちが住みやすい」ということになるのだが、これでは一般的でおもしろくない。単に本で調べる、インターネットで調べるだけで終わってしまい、必要感が生まれない。そこで考えられたのが e-mail。

松本氏がどんなことに関心があり、どんなことを望んでいるかという情報を得るためには、英語で直接 e-mail を送らなければいけない。こうすると、英語が情報を得るためのツールに変身する。最初、松本氏から打診された時、筆者は飛びついた。

松本氏と英語でメール交換した生徒たち

松本氏と生徒の e-mail のやりとりを1つご紹介する。>以下の文は生徒

第2部　実践編

のメールで、地の文は松本氏の返答である。

>Hello! My name is Tomoe Morii. I'm a Demachi J.H.S. student and I
>belong to 3-2 class. I want to ask you some questions to win the debate.
Hi Tomoe,
Thank you for your questions. Here are my answers to your questions:
>Q1　What do you do?
I'm a college professor. My field is communication.
>Q2　Where are you from?
I'm from Tokyo.
>Q3　What food do you usually eat?
Now I'm on a diet, so I try to stay away from beef and pork.
>Q4　What do you do on weekend?
I usually work even on weekends. I do not have lots of free time.
>Q5　How often do you go abroad? What country do you like?
I go abroad several times a year. My favorite place is Hawaii.
>Q6　How many foreign friends do you have?
Well, I have not counted them. I have a lot of friends who are not Japanese. Most of my friends are from the U.S. and Southeast Asia.
>Q7　What are you and your family interested in?
My 11-year-old son loves to play baseball. He is on the baseball team in our town and he is a catcher. My father likes Japanese calligraphy. My mother seems to like tole-painting.
>Q8　You hate worm, frog or snake, don't you?
I do not mind worms at all. I do not like big frogs, but the small ones are Okay. But I do not like snakes.
>Q9　Do you like reading? What kind of books do you like?
Well, I read a lot of books on communication and education.
>Q10　Do you like listening to music? What kind of music do you like?
I listen to all kinds of music from classical music to pop music. I sometimes listen to jazz.
>Q11　I think you are very busy every day. How do you relax?
I do meditation at night to get relaxed.

4. 英語の授業でクラスを変える

>Q12　Why are you in Tokyo now?
Why do I live in Tokyo now? Hmm . . . Well, I was born and brought up here in Tokyo, and I kind of like it here. Tokyo is an exciting city.
>Please e-mail me your answer. By the way, do you know how to win the
>debate? If you can, please tell me. I'm looking foward to your visit. See
>you soon, bye.

Tips for being a good debater:
1. Be nice to your partners.
2. Respect your opponents.
3. Think on your feet.
4. State your ideas succinctly.
5. Support your ideas with data and/or reasoning.
6. Anticipate what your opponents are going to say.
7. Spend a lot of time practicing oral presentations.
 Good luck to you, Shigeru

　当日は、代表として3年1組と3年2組の4つのグループ(5人)同士が対戦。肯定派の立論からスタートした。相手の意見に対してすぐに反駁できるという変則ルールであったため、"However . . .", "I don't agree." という意見の応酬となった。
　ディベートの途中で鋭い意見の後に聞かれた「おおーっ」という驚嘆の声やため息、一部のコミカルなやりとりに対するあたたかい笑い声。ディベーターだけでなく、応援する仲間たちもその臨場感を共有することを堪能していたのである。
　松本氏のジャッジで、結局トータルで2対2の引き分けとなるのだが、終わった瞬間は拍手喝采。「勝ち負け」ではなく、互いの健闘をたたえたものであることは誰の目にも明らかだった。
　次の時間に「松本先生に感謝の手紙を書こう」という意見が出てきたのも当然うなずけることであった。一部紹介する。

○I was very excited. So, many words turn in my head. 3-1 was very strong. And 3-1 students used many tricks. We were shocked. We supported each other. I broke an opinion of 3-1. As for big voice and roar, I was second to none in 3-1. I got power. So I was speaking English, I was very happy. Because, when I spoke English, I was using my head. So, I thought many many words. I want to become like Mr. Matsumoto. Because he is very very cool. This debating was very very important to me. I'm very happy that I've joined debating. Thank you. (K. S.)

○How fun! I thought when we were debating. Before it started, I was worried. However, when it was time to do debating, I was full of drive and wanted to say something. It is very very difficult to form and express opinions. But I understood that it doesn't mean we can't. I think, if I want to say, I can do it. My friends' opinions were very inspiring. I want to hear them more. After the debating, I had many opinions. Debating made many "wants" in me! (O. M.)

4.7　授業を活性化させる 5 つの視点

　お気づきのように、授業を活性化させるには 5 つ大切なことがある。

　(1)　まず、クラスを育てるには、仲間との関わりが大前提になるということである。心を許せる comfortable な教室を作り、共感を得るようにしていく。教師が黒板の前で仁王立ちになり、「ここを覚えろ」式に頭から教え込むような授業では、心がバラバラになる。居心地がよくなければ意欲がわかず、力もつかない。

　(2)　次は、量と速さ。よく「量よりも質の高いものを」と言われる方がいる。しかし、最初から質を求めるから途中で挫折するのである。最初はとにかく量。たくさん聞き、たくさん書き、たくさん読み、たくさん話す。英語教師は how to teach にこだわるが、むしろ how much they use にこだわってほしい。英語は技能教科。だから回数や場面をこなすことが必要なのである。量をこなすうちにどんどん質が高まってくる。そしてスピード。最初から下位の生徒たちがいるからと、ゆっくりと話しているといつ

まで経っても自立できない。訓練で速さを当たり前にしてしまうことが大切なのである。

（3）　3つ目は、学習への必要感をどう作るかということである。筆者が紹介した4つの授業に共通するのは、① ギャップがあったこと、② 身近なところから入り、自分たちで考えながら授業に参加できたこと、③ もっと知りたいという気持ちになっていたこと、④ 相手に対して言いたいという気持ちが生まれていたことである。

（4）　英語教師が可能な限り英語を使うこと。しかも、ある程度自由に英語がしゃべれなければ、授業の中で精神的なゆとりが生まれない、結果としてコミュニカティブな授業にチャレンジできないということである。私たちは英語を話すことを教えるプロ。落語家、プロゴルファー、Jリーグの選手が毎日欠かさず鍛錬を積むように、私たちも自己研修に努め、自分の英語力をみがかなければならない。英字新聞やペーパーバックを読み、ニュースや映画を活用して英語運用能力を高めなければ、生徒の力もつかないのである。

（5）　そして最後は、つながりをどう作るかということである。筆者は2.1で"The Whole Language"が有効であると述べた。他教科での既習事項や内容もつなげて広がり・深まりを作るだけでなく、1時間の授業と前後の授業、単元と単元をつなげることも大切だ。なぜなら、授業は「連続体」だからである。ある単元が終われば、次に行くといった「座布団の積み上げ」であってはならない。

かく言う筆者も、以前は「導入をどうするか」ということに、目がいきすぎていた。だから授業が教師主導型になり、最後がよく時間切れになった。そこで積み残しを宿題にしたり、次の時間に回したりした。また、教え込んだ知識をどれだけ理解しているかが主な関心になるので、どうしてもテスト中心になった。テストに頼ると、日々の授業の評価の観点がとても大ざっぱで曖昧になった。その結果、「楽しそうに取り組んでいた」といった情緒的な評価しかできなかった。これは、明らかに「説明責任」の放棄である。

しかし、カナダでのグローバル・セミナー以後、最後の10分間を大切に

考えるようになった。だから指導案を書く時も、授業終了10分前の活動から考えた。授業の最後に「振り返り」を位置づけるようにすると、その前に何をしておかなければならないかということが見えてくる。さらにそれをどう評価するかという観点も定まってくる。また、自然に子どもが必要感を感じるような導入(課題の設定)にまで行き着くようになる。しかも、前時の最後の「振り返り」は次時の「導入」にもつながる。こうすると、それぞれの授業がストーリーのようにつながっていく。

なお、ここに紹介した4つの授業はいずれもDVD『総合的な学習につながる"中嶋洋一の子どもが輝く英語の授業"全6巻[国際理解編][環境編][人権編][郷土・情報編]他』(学研、2001)に入っているので、関心のある方は参考にしていただければ幸いである。

5. 違いがあるからおもしろい

5.1 違いを認めて自己確立へ

「あなたは自分のことが好きですか」と聞かれて、小学生の半分はNOと答えるそうである。しかも、高学年、そして中学生になるにつれてその割合は高くなっていくと言う。

「自分のことを信じてもらえない」「自分のことを肯定してもらえない」「自分のことを好きだと言ってくれない」という悩み。

これらが子どもたちに大きな失望感と不安を与えている。そんな彼らを見ていると、豊かな喜びの感情も、深い悲しみの感情も、まるで忘れてしまったかのように見える。

先日テレビのワイドショーを見ていたら、中高生のアンケートで悩みの第1位は「友人関係」であるという報告がされていた。モザイクをかけられた子どもが「時々不安になる。友人に陰で何を言われているかわからない」とマイクに向かってしゃべっていた。

他人と違うことを極度に恐れ、引きこもってしまう子どもたち。急速に変化する情報社会の中で、ゆとりを失った家庭や学校では、結果や答を性

5. 違いがあるからおもしろい

急に望むようになってきている。こうして、子どもたちも考えるプロセスを楽しむよりも答だけを求めるようになった。できるか、できないかだけが大切にされ、授業の中でも「できない」子に対する差別が生まれてきた。「わからない」と言えずに、わかったふりをして悶々とする子どもたちのストレスは増大している。

こうして自己確立ができない子どもたちは、安心感を求めてトイレや職員室へも一緒に行くようになる。しかし、心の中は、依然として人に言えないような寂しさを抱えたままである。だから、ちょっとしたことで傷つき、立ち直れなくなる。

1人1人違っていることは素晴らしいことなのに、違っていることで目立つと、それが否定されてしまう。もし自分に自信があれば、友だちが頑張ったことに対しても賞賛できるのに、それがなければ、生まれてくるのはねたみだけである。

学習でも、学級の係などでも目立つことをいやがる生徒たちは、周りの出方を待つようになり、友人の目を気にするようになる。これではいけない。違いを際だたせて、自信をつけさせるのは、学校の大きな責任である。

ここに、勤務校の廊下に貼ってある金子みすゞの詩がある。

> 「わたしと小鳥とすずと」
>
> わたしが両手をひろげても、
> お空はちっともとべないが、
> とべる小鳥はわたしのように、
> 地面をはやくは走れない。
> わたしがからだをゆすっても、
> きれいな音はでないけど、
> あの鳴るすずはわたしのように、
> たくさんなうたは知らないよ。
> すずと、小鳥と、それからわたし、
> みんなちがって、みんないい。

最後の１行がすべてを語っている。Understand the similarities, and celebrate the differences これは筆者がカナダで見つけたポスターの言葉である。「違いを祝福する」なんて、なんとも楽しい発想ではないか。

１人１人の違った考えをつなげると、広まりと深まりが出てくる。友だちの意見や作品に触発されて自分の考えがより深まってくると、自己評価能力もどんどん高まっていく。自信をつけた子どもたちは受け身ではなく、自ら学ぼうとする。しかも、謙虚に、素直に学ぼうとするようになる。自分にウソをつかずに、「私は違うと思う」と、勇気をもって言うべきことを言うようになる。

教室では、その勇気を育てるための土壌作りが必要なのである。

5.2 ハート・ウォーミングな授業を創る

豊潤な土壌にするには、生徒の心が温かくなり、そして豊かになるような授業を展開する必要がある。心が温かくなる授業とはどんな授業だろう。教材の選び方、作り方、そして使い方はどうあればいいのだろうか。それをもっと追求したい。子どもたちは、感動する、共感できる教材で、自分のもっている感覚のすべてを使って自ら感じ取ろうとする。そこには、教師の話を聞き、言われるままに覚えるという授業では到底味わえない喜びがある。

そして、心が温かくなるような教材は、何度読んでも味わいがある。

誰にでも、今も空読みできるような国語の古典作品や英語の詩があると思う。名作に使われた言葉が、文が、心の中で生きているのである。きっと、かけ算九九のように何度も何度も音読をして覚えたという懐かしい思い出もあるはずだ。

ワーズワースの詩、マザーグースの詩、ジャズ・チャンツ、徒然草、古今和歌集、枕草子等々。優れた文学作品には、音読すると心地よいリズムを感じる。モーツァルトの音楽を聞くときもそうだが、いい作品を読むと心が安らぎ、魂が洗われたような気持ちになる。

生徒が書いた詩やエッセイなどを読んでいても、ハッとすることがある。あら削りながらも、そのみずみずしい感性に驚かされたという経験は誰に

5. 違いがあるからおもしろい

もあるだろう。教師がその感性に気づき、磨き上げることができれば、クラス中にさまざまな個性をもつ詩人がたくさん生まれてくる。

　次にご紹介するのは、国語科と連携して取り組んだ短歌作りである。彼らは、国語科で作った自分たちの短歌を英訳した。

　教師の指示は次の通りである。

---

① 訳すのではなく、情景が生き生きと伝わるようにすること
② 必要なら日本語にない英語を補うこと
③ できた作品を音読し、美しいリズムが感じられるまで、いろいろと単語を並べかえてみること

　時間は2時間。途中、友だちに読んでもらってアドバイスを受ける。

　こうしてできたものを教科通信に載せる。好きな作品を3つ選んで、その理由を書く。それを互いに発表する。こうすると、気づきが生まれ、言葉へのこだわりが生まれてくるようになる。

自転車で	Hardly breathe on my bike,
吐く息白く	One cold winter morning,
迫るとき	It's already 8:15,
早く来いよと	Then the school bell called me
私を呼ぶ声	In the long distance　　　(O. K.)

夕暮れに	In the twilight,
すすきさらさら	Susuki becomes waving slowly,
揺れだして	With the gentle breeze.
心やすらぐ	My heart becomes gentle, too.
秋のひととき	It's already fall.　　　(K. K.)

花が咲き	My Begonia bloomed.
ほうびにほっぺに	Feeling so happy,
くちづけりゃ	I gave them kisses as a reward.
ほほえみ匂う	Just then, something fragrant came.
愛のベゴニア	That's from my Begonia.　　　(T. M.)

第 2 部　実践編

空晴れて	Sunny day,
雲一つない青空を	Blue sky without any clouds,
何も気にせず	I'd like to watch it,
眺めていたい	without worrying about anything　（O. T.）

赤トンボ	Red dragonflies
夕焼けの空	Are flying all over.
いっぱいに	In the sunset's glow,
とびかう様は	They make
金色の海	The Golden sea.　（H. Y.）

一匹のメダカのいのち	Killifish's life
3年間	It is three years.
変わらないメダカ	It doesn't change.
変わった私	But I changed a lot.　（M. A.）

　どの作品からも秋の情景、心の動きなどが想像できる。彼らは、キャンバス・ボード(厚手の紙のボード)にこの短歌と英訳を清書して、色鉛筆や水彩で絵を添えた。文化祭で地域の方に見せるためである。

　他に、俳句や川柳や「日本一短い手紙」などを英訳させることもできる。例えば、清涼飲料水のお茶の缶に紹介されている川柳や、週刊誌の川柳コンクール入賞作品などをストックしておき、おもしろいものをいくつか選んで訳すという活動などはいかがだろうか。凝縮された日本語の意味を英語で伝えるときは、「誰が、どうする、何を、どこで」という情報を補う必要がある。つまり、情景を読み取ってパラフレイズ(言い換え)をしなければならなくなる。

　特に川柳の場合は、最後におちが来るので、単語の並べ方にも工夫がうまれる。彼らの作品の一部をご紹介する。(川柳コンクール入賞作品の英訳より)

知らん顔	No one notices me.
そうか私は	What's wrong?
すっぴんだ	Oh, yes. I forgot to make up today.　（K. K.）

日本語も	Children can't speak Japanese.	
できぬ子に	But funny.	
英会話	They must speak English.	(S. O.)
「早くやれ」	"Hurry!", you say so, but …	
そういうことは	Why don't you say it	
早く言え	much earlier?	(T. M.)
ダイエット	I'm on a diet.	
乗馬に通い	I took a horse back riding,	
馬がやせ	but the horse got thinner instead of me.	(S. Y.)

　生徒たちのはじけるような感受性が読みとれる。生徒たちはこういう活動が大好きなのである。

5.3　こだわりを生む活動

　感受性を高めたいなら、絵や音楽を使うとよい。いい絵を鑑賞し、いい音楽を耳にすると心がウキウキしてくる。英語の授業でも、歌をぜひ使いたい。歌を継続的に使っていると、生徒たちの感受性が培われていく。ただ、歌うだけではもったいない。そこで、こんな仕掛けはいかがだろうか。
　ベット・ミドラーの名曲 "From A Distance"。この詩はとても内容が深いので、一度聞いた後で「詩人」になったつもりで訳すのである。30分ぐらいの時間を与えて、辞書を片手に「意訳」に挑戦する。ただ、チャイムと同時に後ろから集めてしまっては、心は育たない。自分の作品づくりで生まれたこだわりを、互いに関わらせたい。そこで、読んでみたい生徒同士で訳した作品を交換し鑑賞しあう。読みながら「ハッと思った部分、こ こいいなと思った部分に赤ペンで下線を入れなさい」と言う。ただし途中で書き換えないという約束をする。3人、4人ぐらいと交換し終わったら、席に戻るように言う。戻ったのを確認してこう言う。

　　直したいと思った人はいますか。
　　（ほとんど全員の手があがるのを確認して）

第2部　実践編

では、空いているスペースにボールペンで書き足しなさい。

　自分のオリジナルな訳を残しながら、新しくインスピレーションがわいたものを書き加える。これが大切な last touch。また、消しゴムを使わないのは、どう変わったかという足跡を残すことによって、バージョンアップのさせ方がわかるようにするためである。

　さて、この活動ではよさに気づきあう「振り返り（reflection）」の時間をとったことが最も大切な指導の部分である。彼らは、このプロセスで一体何を学んだのだろうか。活動の最後に書いてもらった感想をご紹介する。

○訳していると、どんどん感情がこもってきてとても楽しかったです。歌を訳すときは自分の言葉と想像力を最大限に生かさなければいけないことがわかりました。他の人のを読むと本当にその人らしさがあらわれていて、おもしろかったです。それに普段とは違うその人の考えが見えたりしました。もっと多くの人のを読みたいです。　　　　　（女子）

○友だちと交換したら、みんなすごいことを書いていた。「まるで別世界だよ」と誰かが言っていた。呼びかけるように書いていったら、読みやすくなっていいなと思った。みんなの考えがそれぞれ違って、交換してみるのは楽しかったです。　　　　　　　　　　　　　　　（女子）

○単語がわからなくて辞書で調べてそれをどうやって文章にするか悩みました。今はまだ苦しい文章だけど、もっとやさしい感じにできたらいいなと思います。友だちのを読むとすごく納得。1人1人の個性があって、感じ方がずいぶん違っていました。長文を訳すのとは違って「詩人になって訳す」ということだけで、さまざまなものに変わっていったように思います。その変化がおもしろかったです。　　　　（女子）

○とても心と体にじーんとくるくらい、みんないろんな面から見た考えがあってよかった。英語を訳すのはむずかしいけど、テストと違って自分だけの考え方ができるから、訳すのは楽しい。　　　　　（男子）

○詩を書くのは楽しいなと思った。英語を直接訳しているだけじゃ心とか気持ちは伝わってこないけど、詩にすると温かさが出てくると思う。もっといろんな歌を訳してみたいな。　　　　　　　　　（女子）

　「ハッと思った部分に下線を引きながら読む」という指示で、ことば1つ

1つを意識するようになる。このように、内容のあるものや読み手にとって学びの価値の高いものを与え、関わりを作って、こだわりを生むことで心が育つ土壌ができるのである。

5.4 気づきをどうつくるか(教師の基礎・基本)

感受性を養うと言っても、そう簡単にできることではない。まず教師や親に、豊かな感受性があるかどうかが大きな鍵になる。

大人が「ああ、これはいい」と感じたものを、子どもたちに示したい。素晴らしいと自分が感動できるものを、子どもたちの目に触れる機会を作らなければ、土壌は豊かにならないだろう。

有効なのが教科通信である。毎月、または定期的に発行する教科通信に、毎回自分の好きな日本語の詩や英語の詩を載せる。配って「読んでおきなさい」と言うのではなく、毎回教師が朗々と読み上げる。解説はいらない。生徒たちに感じ取らせるだけでいい。ただし、いいと思った部分に下線を引かせるとか、感想を書かせるといった作業が必要だ。教科通信がある程度たまった時点で仕掛ける。

> あなたは評論家です。今までの中で、自分が最も刺激を受けたもの、気に入ったものを1つだけ選んで、どうしてそれがいいかを詳しく解説します。5分後に、友人と意見交換をしなさい。

隣同士のペアで見せ合うという活動で終わらせてはもったいない。限りなくグループ・ダイナミクスの力を生かすのである。同じ作品を選んだ生徒とも交換し合うことで同じ作品であってもみな選んだ観点が違うことに気づけるようになる。何人かと意見交換が終わったら言う。

> みんなの意見を聞いていてどう思いましたか。
> なるほどと思ったこと、気づいたことを書きなさい。

書いている間に、机間巡視をしながら指名の計画(順序)を立てておく。関

第2部　実践編

わりを効果的にするためである。この机間巡視が、気づきと深まりを作る大きな鍵になる。実は、これを教えていただいたのが授業名人して名高い野口芳宏氏（北海道教育大学函館校）である。

1997年、勤務校に校内研修でお呼びして1年生の国語で公開授業をしていただいた。生徒たちがノートに答を書いている間に、野口先生は机間巡視をしながら、しきりに生徒の耳を触ったり、頭をなでたり、肩をたたいたりされた。

最初は初めて会った生徒たちとスキンシップをとるために、ふざけておられるのかと思っていたのだが、机間巡視を終えられた野口先生から出てきた言葉に仰天した。

> 私に耳を触られた人たち、立ってください。
> はい、ではあなたから。書いたことを発表してください。

（一通り発表を聞いてから）「あなたたちのとらえ方はこうです」（略）

なんとなく授業を見ていた教師たちが、それを聞いてハッとし、あわててメモをとりだした。

> では、次に私に頭を触られた人たち、立ってください。
> はい、ではあなたから。書いたことを発表してください。

（一通り発表を聞いてから）「あなたたちの考え方はこうですね」（略）

そのうちに、「あっ、そうか」というつぶやきが聞こえるようになった。教師の説明ではなく、自分で気づいたのである。見事な指名計画である。と同時に、教材分析がきちんとされていなければできない技だ。

後でお聞きしたところ、たった1時間の授業のために5時間近くも教材研究をされたと言う。「生徒より教材について詳しく知っていなければ、教師とはいえませんからね」。笑顔で答えられる野口先生の言葉から、私たちは教材研究の奥深さを知った。

教師の基礎・基本は、野口先生のこの言葉に尽きる。

5. 違いがあるからおもしろい

　最近、ペアやグループ活動が盛んに行われている。だが、生徒に任せっぱなしで、教師が「支援」という名のもとに、指導もしないで黙って見ている授業が多い。繰り返しになるが、育てるべき「主体性」を「はじめからあるもの」と勘違いし、指導すべきことを指導すべき場面でしていない。

　グループ活動の時の机間巡視は、個人の場合とは目的が違う。グループで話し合った結果、みな同じだったということでは学びあう場面は生まれない。教師も話し合いに参加して助言し、グループの違いを意図的に作り出さなければならない。気づきを生むための種まきである。それが学習の必然性をつくるのである。

5.5　よさに気づける「観察眼」を磨く

　1人1人が自分の考えをもち、それを深められるようにしたい時、大切なのは、1.2, 1.3で述べたような教師の「観察眼」である。よさに気づける眼である。ゲーテは「私たちが、あるものをあるがままに観ることができたとき、そのものはその本質を見せる」と言った。「賢人から学ぶ愚者は少なく、愚者から学ぶ賢人は多い」という言葉も残した。学ぼうという姿勢さえあれば、誰でも「賢人」になれるということだ。学ぼうとする姿勢。これも観察眼がなければできない。

　「思いこみ」でもなく「偏見」でもなく「先入観」でもなく「自分の感情」でもなく、あるがままに生徒たちを観察し続ける。そうすると、彼らの本質に気づけるようになり、「生徒たちはすごい！」と畏敬の念をもつことができるようになる。筆者の場合は、10年前からはじめた卒業文集作りという創造的な活動を通して、それを実体験できた。生徒の力を、まだ英語をよく知らないというだけで判断してはいけないということを学んだ。彼らはまさに天才であり、その知的エネルギーは無限大である。10年間、毎回少しずつスタイルや内容を変えてきた。常に前進し続けることは正直言ってつらかった。しかし、何度も彼らの熱意と感受性に励まされた。彼らのポテンシャルに勇気づけられてきたのである。

　観察眼は、心を育てるのに欠かせない。よさに気づけるようになれば、本人だけでなく気づいた人の心も癒される。

第 2 部　実践編

　次のページの作品をごらんいただきたい。1997 年度の卒業文集に載ったものである。
　自分の内面をしっかりと見つめた作品になっている。どうしてこのような作品が生まれてきたのかを説明したい。
　筆者は、毎年ディベートに取り組んでいる。ディベートを経験すると、多面的な見方ができるようになる。彼女はことのほか、ディベートに燃えた。常に新しい見方が学べるというスタンスが楽しかったようだ。
　ディベートの後で、みんなで振り返りの時間を作ったということも影響を与えたのかもしれない。内省することを経験するうちに、彼女は哲学的なこと、心理学的なことにも興味をもつようになったようだ。
　同時に、部活動でも学習でも友人関係でも「こうすればいいのに」という前向きな考えをもつようになっていった。
　最初の原稿では、人間関係だけについて書かれていた。だが何か引きつけられるものを感じた。そこで「ストレートすぎるから、最初に何か比喩を使ってみるといいよ」とアドバイスをした。
　2〜3 日経って、ガラスの話を入れて作り直してきた。ハッとするようなイラストと共にである。まず絵にビックリし、中身を読むうちに筆者はうーんと唸った。硬いガラス同士がぶつかれば割れる。でも一方が柔らかいガラスなら、2 枚とも割れないだろう。こんなことは大人の発想では出てこない。それを人間関係にまでつなげてしまうところが、彼女の洞察力である。
　この作品は、後輩が詩を作るときに必ず提示して鑑賞するようにしている。今度は評論家になった後輩たちが育つ番だ。
　繰り返す。教師に観察眼が身につけば、もっと 1 人 1 人のキラッと光る部分に気づけるようになり、授業に深まりが出てくるようになる。

6.　まとめとして

　ここに島根大学教授の築道和明氏が書かれた論文がある。筆者が、「心を育てる英語学習」の一貫として 10 年間取り組んできた卒業記念文集づくり

6. まとめとして

Should We Have a Soft And Warm Heart ?

3-6

If two glasses hit each other, then both of these will break.
But if either of the two are soft, then neither will break.

If two solid hearts hit each other,
　　　then human relations break easily.
But if either of the two hearts are soft,
　　　then the relationship will never break.

I think.....
It's important for us to have a soft heart and a warm heart.

* hit each other : ぶつかり合う
* both of － : －の両方
* either of － : －のどちらか
* soft : やわらかい / * solid : かたい
* easily : 簡単に
* human relations : 人間関係

世の中には、いろんな人がいてぶつかり合うことはあるけど、少しでも多くの人がやわらかくてあたたかい心を持てば、世の中はもっと平和になるだろうな。
いいなぁ・・・そういう人間って・・・　　（3-1　　　）

自分の気持ちばかり押しつけるのではなくて、相手の気持ちを考えてあげることも大切だなぁ・・・と思った。　　（3-4　　　）

第2部　実践編

に見られる原理・原則について言及されたものである。第2部のまとめとして、それをお読みいただきたい。きっと、「心を育てる」授業づくりのヒントが見えてくるのではないかと思う。

豊かな英語授業を貫く原則とは

築道和明

（1） 原理1　我、教えるにあらず、悟らせるなり

　英詩に限らないが、writing活動で作品に挑戦した場合、一度で完成品を作り上げるケースは稀である。「修正」作業を行って、自分なりに納得しうる作品が生まれてくる。これは、大人にも言えることである。そうしたプロセスに教師がどう関わるか、中嶋氏の場合にはそこに2つの指導の原理を見出すことができる。

　それらを個別指導での「問答法」と全体指導での「対比法」と呼ぶことにする。前者の具体例として、以下の記述がある。

> 　例えば次のような生徒の詩が出てきます。教師は最初に書かれたその詩を見て（　）のように聞きました。
> A Very Small Picture
> There was a very small picture.
> （それはどこにあったの？）
> It was a common picture.
> （普通の絵だけどみんな見るんだね。不思議だね。何か説明があるといいなあ）
> One day, a man saw it and said, "Oh, it is a trifling picture."
> （「くだらない」と言うのは、どんな男の人なの？　その後その男の人はどうしたの？）（以下略）

　ここで展開されているのは、古代ギリシャの哲学者と弟子との「問答法」に他ならない。師匠であるソクラテスは教えたい事柄が山ほどある。が、それを直接的には講じない。弟子との問答を通して、弟子に自己発見させる。この場面に限らず、中嶋氏は至るところで、教師主導の説明型授業の

おろかさを指摘している。教師は教えるにあらず、生徒に悟らせるにあり、ということを象徴的に示している場面だと思う。

今一つの「対比法」も「教え込み排除」の原理に支えられていると言える。英詩の創作に関しては、先に見たような問答法で生まれた2つの作品（変化する前と後の作品）を教科通信に載せ全員に示す。そして全員でじっくり味わう。「どちらがよい作品でしょうか？」などの愚問はしない。明らかに質の違う作品を比べることによって、生徒が自己発見することを狙うのである。

「教え込まずに素材を提示し、より better な作品を自己発見させる」という原理は生徒同士の学びの中にも見られる。文集づくりでは、作品を友人に読んでもらい、わかりにくいところを指摘してもらうという作業に見出すことができる。わからないところを直接質問するのではなく、「？」だけ記す。それにより、作者は作品を練り直すのである。

すなわち、一方的な教え込みは、教師対生徒の関係においても、また生徒同士の関係においても、いわゆる "learned helplessness"（学習性絶望感：他者から与えられてばかりいると「なぜ？」「どうして？」などを考えなくなり、自分は無力な存在であると感じてしまう心の状態）を引き起こしてしまう。それは、結局は人間としての尊厳を否定するものであり、強者対弱者という支配、被支配の構造を生み出してしまうことになる。

いささか抽象的な話となったが、上で見た問答法などは、英語指導の様々な場面で適用可能である。例えば、英作文の添削指導である。語順が混乱した英文を目にすると教師は、解説、説明を試みてしまいがちである。それは、生徒には届かないことを肝に銘じよう。一方的解説や一方的添削をやめて、生徒との間で問答を試みてみよう。問答の中に英語の語順、文構造を発見するヒントがあるように仕組んで問いかけてみよう。

(2) 原理2　自己尊重は国際理解へと広がる

この「教え込まない」というアプローチは、実は自己尊重と深く関連している。「丁寧に細かく教える」ということが親切なのではない。それは相手の育つ芽を踏みつけていることに他ならない。個々の生徒が自己発見、自己成長できるように寄り添うことこそが教師の使命であり、そうした教師の姿勢に影響されて、生徒たちも自分自身を認めることができるようになる。「やればできる」という達成感を抱くようになる。自分のあるがままを受け入れることができるようになる。

そのことが、実は他者を尊重することにつながっていると言える。自己尊重と他者尊重は、いずれが先かが問題なのではなく、他者との関わりを通じて自己を受け入れるというように、また自己を尊重するということにより、他ならぬ隣に座るクラスメートを尊重し、クラス全員を尊重し、学年全員を尊重し、学校の構成員全員を尊重し、世界の人々を尊重するということにつながあるのである。

　卒業文集にもこの点があらわれている。卒業文集の作品は、いずれもメッセージにあふれ、読む者の心を動かす。が、作品と同じように、あるいはそれ以上に、それぞれの作品に添えられたコメントが心を打つ。どのコメントを読んでも、そこには互いを認めあう、尊重しあうメッセージに満ちあふれている。うわべだけの、調子あわせだけのコメントではなく、心底から作品を深く読み、そのよさに心が動かされた者にしか記述できないはずのコメントばかりである。

(3)　原理3　関わり合う学びと学びのリンク

　文集完成の後には、みんなで鑑賞会を行う。作品をみんなの前で読み、それぞれの作品が載ったページに互いに直筆でサインをしあう。時期は入試を控えた2月である。

> ・作品が仕上がったら、みんなで読んで鑑賞会をします。「おおーっ」という声、フーッというため息…。一人一人の心が動いて教室は感動でいっぱいになります。全員がこだわりと思い入れをもって作ったからです。　　（『生徒を変えるコミュニケーション活動』教育出版）

　このような学級風土を創出するために、信頼に基づくペア学習やグループ学習が指導の最初から組み込まれているのである。自分の作品には、もちろん思い入れもあり、さらに苦労もあるから、完成すれば誰しも感慨ひとしおであろうが、中嶋実践の深さはそれが個人のレベルでとどまっていないという点である。すべからくその場と時を共有する人々を自分と同じようにかけがえのない人間として認めあう、そのような空気を感じとることができる。

　もちろん、それは「互いを尊重しなさい」とか「人権が大切です」という道徳的な教えから生まれるものではない。ここでも英語の学びに関わって、「関わりあう学び」とでも呼べる指導が1年の段階から組み込まれてい

ることに目を向けておこう。Show and Tell 然り、Chain Letter 然り、Relay Note 然りである。Show and Tell では話し手を育てることは言うに及ばず、それ以上に聞き手を育てることに配慮されている。

　この点を英語の技能の養成という観点から言えば、「聞く」「話す」「読む」「書く」という4つの技能を絶えず関連させて指導を行うということにつながっている。それを仮に「学びのリンク」と呼んでおこう。中嶋実践では、話した事柄を書く、書いた作品を読む、読んだ作品の感想を発表する、というように、タスクが単発では終わっていないのである。

　言い換えるならば、次なる一手が絶えず準備されているということである。それが、英語力という観点から恐らく大きな影響力をもっているのだと思われる。卒業文集でも、書き終えて終わりではなく、書いた作品を互いに発表しあう、という場が準備されている。

　卒業文集の鑑賞会には、今一つの象徴的な意味がある。それは、自らの歩みを振り返り、次なるゴールを設定するという場の提供である。中嶋の実践には、タスクによって作品を完成することでタスクは完結しないのである。必ず、作品を互いに鑑賞するという機会が設定されている。お互いの作品を認めあい、すぐれたところから学び、さらに次の課題に向かって学んだ事柄を活かす、ということが仕組まれている。卒業文集は、その意味では一つの到達点であり、同時に次なるゴールへのスタートラインであると言える。

日々謙虚に学び続けること

　第2部で筆者が説明してきたこと、紹介してきたことがすべて築道和明氏の解説でつながるはずである。氏のレポートを、第2部の最後にもってきた理由がおわかりいただけるのではないかと思う。

　「英語教育を通して何を育てるか」という命題に対し、この本では「心を育てる」という提案がされている。心を育てるというのは、ハウツー本と違って「こうすればできる」というものではない。また、そういうことを意識して授業をするなら肩が凝ってしまうのがおちである。

　地道に授業を進める中で、もっと生徒と教師の関わり、生徒同士の関わりを大切にしよう。感動があり、笑いや涙があるような時間と空間を共有

しようではないか。それだけ時間も体力もいるだろう。しかし、「なんとかしなければ」とすべてを背負い込むのではなく、「なんとかなるさ」ぐらいの気持ちで取り組むことで、それが可能になる。

筆者は、荒れた学校で学び、奥住先生から学び、そして生徒たちから学んできた。生徒たちと共に積み上げていく授業をめざしたのは、日々喜びや感動があり、苦しみや悩みがあり、いつもそこに学びがあったからである。自分1人の力では到底できなかった。生きていく上で、老若男女、相手が誰であれ、人から謙虚に学び続けることで力がついていくのだとつくづく思う。

筆者が心から尊敬している、大村はま氏、野口芳宏氏(北海道教育大学)、尾木直樹氏(教育評論家)、坂本光男氏(教育評論家)、田中安行氏(元白梅女子短大)といった賢人たちは、みな謙虚である。そして、生涯子どもたちの目線で授業をされ、自分らしさを大切にされた方々である。こんな教師になりたい。彼らは常に筆者の行く先を照らす灯台である。教育は奥が深い。

〈参考文献〉
中嶋洋一『英語のディベート授業 30 の技』(1995)
　　　　『英語好きにする授業マネージメント 30 の技』(2000)
　　　　『学習集団をエンパワーする 30 の技』(2000)
　　　　『"英語の歌" で英語好きにするハヤ技 30』(2001)
　　　　　　　　　　　　　　　　　　　　　　(以上、明治図書)

第3部　指導法編

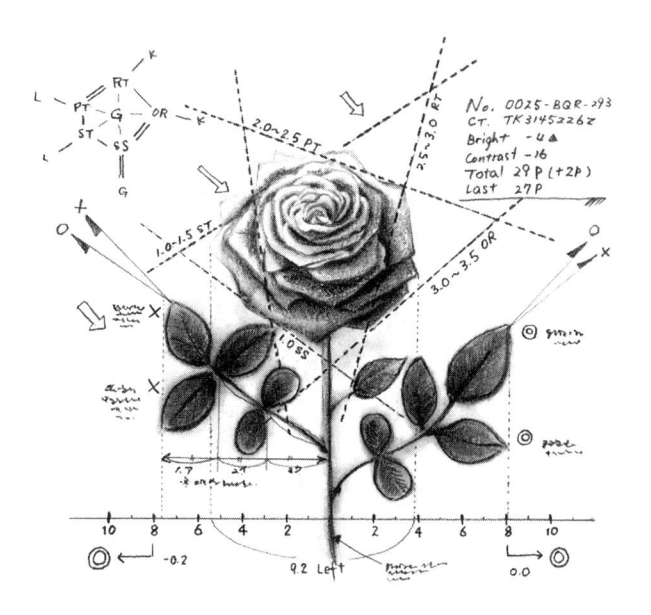

第3部　指導法編

1. How to Learn English を教える

対象	中学・高校入門期
活動の目標	英語の学び方を身につけさせるためのアドバイスとガイダンスを与える。

1.1　はじめに

　中学・高校に入学したばかりの1年生たち。彼らは新たな意欲を抱き、希望に胸をふくらませている。同時に、これから学ぶ英語の授業に対する不安も大きいはずだ。彼らの期待に応えるべく、なるべく早い時期に「英語の学び方」を身につけさせたい。生徒たちがよく質問するのは「先生、どうやったら英語ができるようになるの」といった類のものである。折りに触れて自分の経験を交えたりしながらも、外国語学習の方法を教えてあげたい。

　インドで、しかも困難な状況の中で、長く英語を教えた経験のあるマイケル・ウェストは、こう書いている。

　　さらに重要な点は子供たちが学校へ行くのは単に学ぶためばかりでなく、学び方を学ぶためだということである。子供たちが学校で習得する少量の英語(あるいは他の言葉)は卒業後学び続ける方法を知らないとすれば彼らにとって大して益にはならないだろうし、またすぐ忘れてしまうであろう。生徒が教室から吸い取ることのできるもっとも貴重な教訓は、言葉──どんな言葉でも──を「学び始める方法を習得した」(あるいは習得すべきであった)ということである。活発すぎる教師は実際生徒にいくらかの英語を教え込むことはできるであろうが、もし彼が生徒に"乳離れ"させてしまわなかったら、すなわち学び方を教えることができなかったとしたら、教師として十分な義務を果たし得なかったことになるであろう。(マイケル・ウェスト、1968、p. 14)。

1. How to Learn English を教える

マイケル・ウェストが強調している点は、外国語の学び方を教えることが教師の役目だということだ。ともすれば、我々教師は英語を教え込もうとして、単語テスト、構文ドリル、文法の説明などをやみくもに押しつけることがある。その結果、あまりにも生徒の理解・定着度が悪くて意気消沈してしまう。英語教師にとって肝腎なのは、生徒たちが自分で英語を学ぶ力を身につけること、そのための手助けをすることに尽きる。マイケル・ウェストの指摘は、的を射ていると言えるだろう。

1.2　「英語学習のガイド」——音読が breakthrough を作る

新しい学年になった時、まずはどんなふうに英語を学習したらいいか、そんなアドバイスを与えたい。次は、私が "HUMPTY DUMPTY" という教科通信に載せたものである。

こういった教科通信を配布し、なるべく早いうちに外国語学習法を習慣づけることが大切だ。特に「音読」の効用については、強調してしすぎる

第3部　指導法編

ことはない。お金もかからないし、どこでも、いつでも可能だ。地味な方法だが、「英語の回路」を脳に作るためには有効な方法であると、再評価されている。

　先述の教科通信でも紹介した國弘正雄氏が、こう述べている。ちょっと長くなるが引用したい。

　　大脳の中には言語中枢があり、2つの領域に分かれています。1つは言語を受け身的に理解することを担当しており、発見者の名前をとってヴェルニッケ中枢(言語理解領野)と呼ばれています。他の人が話した言葉はここに入ってきて理解されるのです。そのそばにもう1つの領域、すなわち言語を能動的に使うことを担当するブローカ中枢(言語運動領野)があります。同じく発見者の名前をとってこう呼ばれるのです。ここでは、のどや唇、舌などを動かして言葉を発する指令がなされるのです。この2つは隣り合わせになっており、お互いに相互作用をしながら機能しています。
　　例えば、何かに書かれた文字を見ると、目から入ったそのメッセージはまずヴェルニッケ中枢へ送られて理解されます。今度はそれを口に出して音声化してみようとすると、そのメッセージはブローカ中枢へ伝えられ、ここでメッセージは音声という媒体を用いて発信するよう指示を受けます。そうすると、今まで目で理解していた視覚言語が音声言語化され、口から音声を発することになるわけです。そうして発せられた音声を自分の耳で聞き、再びヴェルニッケ中枢でその正否を理解するという具合です。言語能力を蓄積していくには、この2つの中枢の連携を活性化させて、常にメッセージが循環するような回路が必要なのです。(國弘正雄、2000、pp. 14–15)

　要するに、2つの大脳中枢の間で interaction (相互関連)を繰り返せば、能動的な知識が internalize (内在化)するという。その相互作用の触媒になるのが、英語学習の場合「音読」というわけだ。國弘正雄氏が「只管朗読」「只管筆写」を続けて、知的記憶を運動記憶に置き換えたことが「英語の回路」を作る基礎になったと述懐している。先達のこの知見に学びたいし、生徒にも自信を持って実践させたい。

　ぜひとも、入門期のうちに英語の音読習慣を定着させたい。ただ、気をつけなくてはならないことは、生徒のレベルにあった英文を音読させるこ

とである。また、一通り解釈が終わり、意味が理解された後で、音読を課すことである。こうやって、ひたすら音読する習慣がつけば、あとの学習は容易になる。

　夏休みの宿題として、それまでに学習したレッスンから1課を選んでテープに録音して提出させる、というのはどうだろうか。生徒が満足できる録音にするためには、何度も読めるように練習を繰り返す必要がある。そのプロセスが有効なのである。生徒から提出されたテープを聴いて、教師がコメントを付し返却すると、生徒たちの励みになる。

1.3　外国語を修得した達人に学ぶ

　外国語学習の秘訣は、案外単純な法則にある。先述の教科通信に記した通りである。ただ、なかなか継続できない、途中で投げ出してしまう、という点が問題だ。時々、生徒たちに別の角度から、英語学習法を取り上げて意欲を喚起したい。こんな例を紹介してもよいだろう。

(1)　シュリーマンに学ぶ
　トロイの遺跡を発掘したハインリッヒ・シュリーマンは、外国語を身に付ける方法をこう述べている。

　　そういうわけで、私は一心不乱に英語の勉強に打ち込んだ。そしてこの際、必要に迫られて、私はどんな言語でもその習得を著しく容易にする方法を編み出したのである。その方法は簡単なもので、まず次のようなことをするのだ。大きな声でたくさん音読すること、ちょっとした翻訳をすること、毎日1回は授業を受けること、興味のある対象について常に作文を書くこと、そしてそれを先生の指導で訂正すること、前の日に直した文章を暗記して、次回の授業で暗誦すること、である。　　（シュリーマン、1977、p. 26）

　つまるところ、彼の編み出した方法とは、① 音読、② 翻訳、③ 授業、④ 作文、⑤ 添削、⑥ 暗記、⑦ 暗誦の7段階である。彼はこの方法で、英語、フランス語、オランダ語、スペイン語、イタリア語、ポルトガル語、ロシア語などをマスターしたと言う。

（2） 長澤信子さんに学ぶ

　36歳から中国語の学習を始め、人生の後半を日本と中国の架け橋として活躍している女性がいる。長澤信子さんである。彼女は「外国語上達法のモットー」として、次の5つをあげている。

1. 動機、勇気、根気の3つの「き」が大事。
2. 「きっとできる」と呪文をかける。
3. 努力はしない、習慣にする。
4. 1つのことを100回言ってみる。
5. 根性はいらない、楽しんで覚える。

　彼女の著書『長澤式　外国語上達法』の「はじめに」に書かれていることが、生徒たちへの励ましにもなる。より豊かな人生を送るために外国語を「楽習」するという姿勢が、すがすがしいと思う。

　　昔、母が「理屈とこう薬はどこでも貼りつく」とよく言っていた。母はグチと言い訳が嫌いな人だった。
　　その性格を受け継いだ私は、それまでまったく知らなかった中国語を36歳から始めた。近くにあった中国語教室に通って、2年間で会話が出来るようになり、4年目で通訳ガイド試験に合格した。留学はもちろん、長期滞在の経験もなかったにもかかわらず。
　　これは外国語に限らないが、上達のコツは、まず好きになること、方法に創意をこらすことにあるようだ。それに、動機、勇気、根気の3つの「き」も欠かせない。私の場合の動機は、長くなった人生の後半生の充実である。
　　語学＝若者のもの、語学＝才能、語学＝努力、という方程式は疑問だ。言葉は、無心に百回繰り返せば誰でも出来るようになる。聞くことも、話すことも、読むことも、書くことも、何も一度に百回するべきとは言っていない。それには、多少コツというようなものが必要になる。この本は、そういうコツを集めた私の体験記である。
　　外国語の進歩は目に見えないが、体全体で感じることは出来る。それは風に似ている。季節を風で知るように、進歩もきっとさわやかな一陣の風として、あなたの頬に感じる日の来ることを、私は信じて疑わない。（pp. 4–5）

1. How to Learn English を教える

1.4　まとめ──生涯学習の基礎を作る

　私がはじめて担任したのは、工業高校の電子科1年生だった。その中にO君と、S君がいた。2人とも向学心に燃えていた。青年教師の私は、経験はなかったが、時間だけはたっぷりあった。2人が高校卒業後も私の狭い下宿で、一緒に英語の勉強をした日々が懐かしく思い出される。いろいろ紆余曲折はあったが、O君は経済学部のある大学へ進み、その後、アメリカの大学に留学・卒業していったん帰国、銀行に就職して海外勤務に長く就いている。S君は工業系の大学に進学したものの自分の道は別のところにあると決め、外国語学部のある大学へ受験し直し、無事卒業し、今も海外駐在員として活躍している。

　外国語学習が学校卒業と共に終わりではないはずだ。ましてや入試に合格すればもういらない、というのではあまりにも寂しい。入門期に「将来自立した外国語学習者」となりうる基礎を確立できるかどうかは、その人のその後の人生を大きく左右する。生涯の糧になるような英語教育を目指したい。

〈参考文献〉
國弘正雄・千田潤一（2000）『英会話・ぜったい・音読』講談社インターナショナル
マイケル・ウェスト著、小川芳男訳註（1968）『困難な状況のもとにおける英語の教え方』英潮社
シュリーマン著、岡楠生訳（1977）『古代への情熱』新潮文庫
長澤信子（1999）『長澤式　外国語上達法』海竜社

2. 学習集団を育てるための基礎トレーニング

対象	中学2年～高校・大学
活動の目標	編成したペアやグループを、自律的学習集団に育て、また英語学習の自己マネージメント力を高める。

2.1 基礎トレーニングの必要性

　人が学ぼうとするときに最も大切なことは、1.1で引用したマイケル・ウェストの言葉にあるように、学び方を身につけるということである。これは自己マネージメント力を高めるとでも言えばいいだろうか。

　ちょうど、数学のアルゴリズム（algorithm）* を、学習過程の中に作り出すようなものである。教師が一定の法則を教える。これは、レールに乗せるというよりも、むしろ発見学習、問題解決学習をする上で欠かせない基礎学習であり、自立への一歩である。

　英語は、体育や音楽と同じ「技能教科」である。技能は、ある一定期間集中して取り組まなければ身につかない。体育の時間に、鉄棒の逆上がりの練習を少しずつやってもできるようにはならないだろう。自転車に乗るのも、泳げるようになるのも同じである。

　英語も、情報を正確に聞き取れるようになる、速く正しく読めるようになるには、トレーニングが必要だ。単語や基本構文をできるだけたくさん暗記すれば、いつか使えるようになるという発想では、生徒自身が必要性を感じない。また、順番に教科書のプログラムやユニットをこなしていく

---

*アルゴリズム: 一定の問題を解くために、常に利用されるような、厳密に順序づけられた有限回の、定まった計算方法を指す。「一般性」と「必然性」の2つの属性を有する。一般性は、同種の問題であれば必ず解けるということであり、必然性は、それを使えば必ずできるということである。

だけでは、生徒たちは「やらされている」と感じるだけである。まして、覚えたことを定期テストで確かめるという授業のシステムでは受け身になるばかり。むしろ、以下に述べるような基礎トレーニングを通して「ああ、こうすればできるのか」という感動から自信を持てるようにすることで、学習者のモティベーションと自己マネージメント力を高めることができるのである。

読者のみなさんも、ご自身の英語学習経験を振り返ってみていただきたい。聞き取りである程度の自信がある方は、海外で一定期間、またはテレビ・ラジオの講座で集中して訓練をされたという経験がおありではないだろうか。受験勉強も然り。膨大な量の英文を読んで、読み取るコツのようなものを自分なりにマスターされたのではないだろうか。

多聴、多読が言語習得に必要なのは言うまでもないが、ただひたすら聞いて読んでいても「技能」は身につかない。スモール・ステップを踏んだトレーニング方法を取り入れて、日々の授業を Language Usage（語法がわかる）から Language Use（言葉を使いながら自分で体得する）に変えてみよう。教室で使えるもので、特に効果的なものは3つある。

2.2 シャドウイングを身につけるトレーニング

まず、1つ目のトレーニングはシャドウイング（shadowing）である。リスニングは「書く」「読む」「話す」と違って、待ったなしの世界である。リアルタイムで聞き取れなければ会話に参加できない。「自然の英語」（速い英語というのは存在しない）を聞き取るリスニングの力を身に付けることができれば、生徒たちは自信をもってコミュニケーション活動に取り組むようになるだろう。そこで初期の段階でシャドウイングを徹底する。その目的は、教師が英語で授業を進めるようにするためである。

英語教師が日本語で授業を進めるというのは、生徒の期待を裏切る行為だと言える。もし、音楽の教師がピアノを弾けない、響き渡る声で歌えないとしたら、生徒は「音楽っていいなあ」と思うだろうか。筆者の知り合いは高校時代に英語に目覚めた。高校の英語の時間に、英語の教師が外国から来た友人とペラペラと英語で談笑している様子を見て「この先生はな

んてすごいんだ」とカルチャー・ショックを受け、それがきっかけで英語に関心が生まれたのだという。

やはり、生徒のモティベーションを高めるのなら、まず教師が英語をしゃべらなければならない。

2.3 シャドウイングの訓練は日本語から

シャドウイングとは、75ページで述べたように、一文を聞いてから繰り返すのではなく、意味のあるひとかたまりが聞こえたらすぐに繰り返し、音をかぶせてゆくトレーニングだ。これをマスターしたクラスでは、驚くほど授業に集中するようになる。これは、必ず日本語での体験から始めるようにしたい。

- T: 私の好きな花は(2秒ほど間をあける)チューリップです
- S: (聞きながらチャンクごとにすぐに追いかける)私の好きな花は(言いながら聞いている)チューリップです。

こうして、教師は30秒くらいノンストップでしゃべり、シャドウイングを体験させる。次にペアでお互いに1分間ずつ話させ、相手はそれをシャドウイングする。できるようになったことを確かめてから、今度は英語に入る。

- T: My favorite singer is "Dreams Come True".
- S: (聞いている) My favorite singer (言いながら同時に次を聞いている) is "Dreams Come True".

最終的に、教師がある程度の内容を英語で伝えたらペアで内容を確認する。またはジャンケンをして勝った方がレポーターとして英語で内容を言う、という活動を授業の中に位置づけてしまうことが大切である。

2.4 同時通訳のトレーニングへ

基礎・基本を徹底するには音読練習が最も大切な土台である。

ただ、読みさえすればよいと言うのではなく、内容を理解した後で、

story teller のように声を出して読むという練習をすることが大切だ。単語を説明してから文法を教え、それから本文の読みの練習をさせ、最後に本文の意味を教えるという方がおられるが、意味がわからずに何度音読練習をしても時間の無駄である。

　72ページでも紹介したように、2年生なら1年生と2年生の教科書を合本して持たせる。3年生なら3冊合本する。両面テープで表紙を貼るか、穴をあけてひもで綴じる。こうすると、いつでもどこでも音読練習ができる。自分の実力や目的に応じて、練習したい学年のプログラムを選ぶことができる。

　さて、この合本した教科書をシャドウイングでどう利用するか。

　ペアで1人がある既習単元を選び、ある程度の速さで通読する。もう1人は、教科書を見ないでシャドウイングで繰り返す。1ページずつ交代する。2人で計画を立て、到達目標(速さ、正確さなど)を決めておくと、張り合いが出てくる。だんだんとできるようになってきたら、読み手は本文を読みながらチャンク(意味のあるひとかたまり)で切って3秒くらい待つ。聞き手は、今度は声に出さずに頭でシャドウイングしながら聞いている。そして3秒のポーズの間に日本語ですばやく同時通訳をする。例えば、

S_1:　I like
S_2:　(すばやく)私は好き
S_1:　to sing a song.
S_2:　(すばやく)歌を歌うことが

1ページ終われば交代する。授業が始まる前に、ペアで座席を向かい合わせにして、この活動をする。授業が始まれば、いくつかのペアが教師に指名され、シャドウイングや同時通訳をしなければならない。当たるかもしれないという緊張感と、練習をすればできるようになるという見通しがあるので、誰もが真剣に練習をする。もちろん、いつも同じでは飽きが来るので、途中パターンを変えることも配慮したい。こうすると、授業開始2分前にpre-activityが自然発生的に始まるという夢のようなことが起こるようになる。

普段から個人で音読練習をして、なめらかに読めるようになっておくと、後々のタスク活動がスムーズに展開されるようになる。これは、「学習に必然性をもたせる」「必要感を感じる学習にする」ためには、不可欠なことではないだろうか。

2.5　説明できる (describe) ようにするトレーニング

1つ目のシャドウイングができたら、2つ目のトレーニングに入ろう。2つ目のトレーニングは、何かを英語で説明できるようにすることである。

生徒たちは、まず日本語で考えてから、それを英語に直そうとする。言いたい言葉を習っていなければ諦めてしまう。このように、受け身の姿勢ではコミュニケーションに対して積極的になれない。

そこで「何かを英語で説明する」というトレーニングを課す。ペアになってジャンケンをし、勝者が黒板を向き、敗者が黒板を背にする。教師が黒板に watermelon と書く。勝者は英語でそれを説明する (describe) するのである。ジェスチャーは厳禁。言葉だけで相手に watermelon と言わせれば OK というゲーム。例えば、"It's a big fruit. It's round. The color is red on the inside, green on the outside. We eat it in summer." というふうに自分の知っている言葉で説明する。説明する英文の量だが、一気記憶の限界は7語プラスマイナス2語だそうだ。中高生は5語プラスマイナス2語を目安にするとよい。制限時間は1分。できたら交代。教師は新しい単語を黒板に書く。相手を変えて2回やる。時間にして5分。これを授業に位置づける。

Otoshidama, firework, Children's Day のように、内容をどんどんレベル・アップさせていく。「紅白歌合戦」などを黒板に書くと、説明する側の生徒は「エーッ!?」と声をあげる。そうなればしめたもの。相手はなんとか当てたいと、必死に耳をそばだて身を乗り出してくる。この活動の時に、Red and white, song festival. のように単語だけで言おうとする生徒がいる。また、多くの生徒は The festival is many singers. のように説明しがちである。これは、「そのフェスティバルでは、たくさんの歌手がでる」という内容を日本語の語順のままで、英語に直していくために起こるつまず

きである。そこで、黒板に It's ... The color is ... We can ... We ... と書いておく。これも細かいことだが、配慮したいことである。

　また、時にはクラスを2つに分けてチーム対抗にしたい。まず、ALT が黒板を背に立つ。JTL があるトピックを黒板に書く。ALT のチームの生徒が1人ずつそれを英語で説明する。ALT が正解を出すまで続ける。時間は1分。交代して JTL のチームの番になる。ALT が単語を書く。20秒以内なら3点、40秒以内なら2点、1分以内なら1点とし、合計得点を競う。こうすると「英語で伝える」という必然性が生まれ、クラスが俄然盛り上がる。

　慣れてきたら、頭の回転を速くする活動に入る。トランプ大のカードをたくさん用意し、1枚1枚に絵を描いておく。このゲームは、引いたカードに描かれている絵を英語で説明し、相手に答えてもらうというものだ。ペアで決められた時間内に何枚当てられるかを競う。また、4人同士のグループ対抗で、昔 NHK で放映された『連想ゲーム』のようにする。また、自分の引いたカードを ALT に説明する、そこから会話がスタートするというコミュニケーション能力テストにも使える。

2.6　言い換える（paraphrase）トレーニング

　3つ目は、言い換えるトレーニングである。例えば「朝日が昇る」という文があったとする。生徒は「朝日」も「昇る」も習っていないから「できない」と言う。逐語訳に慣れてしまうと、知らない単語が出てきた時点で諦めてしまうのである。

　そこでパラフレーズのトレーニングをする。朝日は「朝の太陽」、昇るは「上に行く」と考えるようにすることを伝える。The morning sun goes up. 教師の説明に生徒は「おおーっ」と声を出してうなずく。できるだけ、すでに習っている単語を使って伝えられることを教える。

　今度は「現代人にはくつろぎが必要だ」と出題する。「くつろぐなんていう単語は習っていないよ」とぶつぶつ言う生徒に、それはどういう意味か考え、わかりやすい日本語で言い換えるように言う。まもなく「リラックスする」「気持ちがいい」という言い換えができることに気づいた生徒たち

は、一斉につぶやき始める。こうして彼らの答が出される。

We need more time to relax（または to feel comfortable）.

生徒たちが行き詰まったときには、このように「どう知っている単語で逃げる？ どう言い換える？」と問いかけるようにしたい。

ディベートをやる時も、まずペアで日本語で話し合う。時間がきたら、まず肯定派から、次に否定派から日本語でどんな意見が出たかを言う。JTLとALTでそれらをリアルタイムで黒板に英文を書いていく。どのように簡単な英語で言い換えるかという具体例を示すようにする。こうすれば、生徒にとって、示された英文を覚えるという学習ではなく、「どう考えればいいか、どう簡単にするか」という「学び方を身につける学習」になる。

コミュニケーションで大切なのはメッセージを伝え合うこと。(4)の describe（説明）と(5)の paraphrase（言い換え）ができるようになると、生徒たちは驚くほどコミュニケーションに対して積極的になる。

2.7 「開かれた発問」と「閉ざされた発問」の違い

3つの基礎トレーニングを説明したが、授業を進める時に配慮しなければならないことがある。それは教師の発問や指示である。「開かれた発問」と「閉ざされた発問」という2つの言葉は聞き慣れない言葉かもしれない。「開かれた発問」はコミュニケーションを活性化させ、「閉ざされた発問」は逆にコミュニケーションを閉塞させる。残念ながら、学校では、圧倒的に閉ざされた発問が多い。例えば、次のようなものである。

---

① わかった人？ （挙手させる。わかったかどうかを全体で確認しようとしている。1人1人を向いていない）
② これは〜ということだね？ （全体に同意を求めている）
③ ああ、いいですね。 （正解を限定しようとしている）
④ What is it? （答が1つ）
⑤ Is this your pen? （Yes, No で終わり）
⑥ Do you have a brother? （Yes, No で終わり）

学校では、このように1問1答式の受け答えが多い。もっと、ピンポンのように自然なやりとりができないものだろうか。
　コミュニケーションは、相手に質問をすることから始まる。積極的に質問をすれば、会話がつながる。質問から得た情報から、さらに新しい質問を考えればいい。3つぐらいの新しい情報があれば、その中から自分にとって関心のあることを選べば発展する。これがコミュニケーションの基本である。そのコミュニケーションを発展させるのが「開かれた発問」である。例えば、次のようなものである。

> ① A君は〜と言ったけど、みんなはどう思う？（広がりを作ろうとしている）
> ② B君の意見に賛成(反対)の人は？（自分の意見をもたせようとしている）
> ③ Why do you think so?　（理由を求めている）
> ④ Do you agree?　（相手の意見を求めている）
> ⑤ How about you?　（相手の意見を求めている）
> ⑥ What do you think?　（相手を大切にしている）
> ⑦ Do you think 〜 ?　（相手を大切にしている）

　これらの質問は相手の意向を聞いている。理由を述べなければならない状況をつくり出している。1人1人に意見を求めているので、集中力が高まる。また、内容につながりが生まれ、深まりやすい。そして、どの意見も大切にされるので、クラスが明るくなっていく。読者のみなさんも、ご自分の授業を一度テープに録音し、分析してみていただきたい。開かれた発問と閉ざされた発問。さて、多いのはどちらだろうか。

2.8　「相づち」と「聞き返し」をマスターする

　授業でもう1つ大切なことは、strategic competence（方略能力）を身につける指導である。
　「相づち」は、相手の言っていることを「聞いていますよ、理解していますよ」というサインである。多すぎると煩わしいが、少なすぎると相手は

不安に感じる。①「なるほど」②「そう思います」③「いいですね」④「それはひどいですね」⑤「相手の言ったことを繰り返す」の5種類ぐらいは押さえておきたい。

① I see. / Oh, really? / Is that so? / That's right., etc.
② I think so. / Absolutely. / Don't tell me. / Exactly., etc.
③ I like that. / Sounds good to me. / That's good., etc.
④ Oh, no. / That's too bad., etc.
⑤ （相手）I like tomatoes very much.（自分）Oh, do you?
（相手）I don't want to do it because it's scary.
（自分）Oh, you don't want to do it.

もう1つの「聞き返し」のテクニックも大切である。主に相手の言っていることが理解できないとき、聞き取れなかったときに使える。

Sorry? / Pardon? / What did you say? / You mean . . . . ?, etc.

具体的な部分がよく聞こえなかったり、初めて聞くことばだったりした時は、次のような質問が必要になるだろう。

Where? / When? / Who? / How many? / What time?, etc.

このようなstrategyを自由に操って、自分の会話を発展させようとする生徒がいるなら、「目標に準拠する評価（絶対評価）」のAの基準に当たると考えてよいのではないだろうか。

以上、(1)から(7)まで基礎トレーニングと、授業を進める上で配慮しなければならないことをご紹介した。トレーニングなので、ある一定期間続ける必要がある。ぜひ生徒の実態を踏まえ、スモール・ステップで取り組んでみられてはいかがだろう。きっとその効果に驚かれるのではないかと思う。

さて、読者のみなさんの中には、全体の構成はどうなっているのか、1年間の流れはどうなっているのだろうとお考えになられた方もおられるのではないかと思う。それについて説明しておこう。観点は4つある。

2. 学習集団を育てるための基礎トレーニング

　まず、紹介した基礎トレーニングと、教科書の本文をスラッシュで切って頭から速読即解していくトレーニング(拙著『学習集団をエンパワーする30の技』p.50 を参照)を4月から徹底する。すると、早い段階で1つの単元を2～3時間ほどで終えられるようになる。時間的な余裕が生まれると、映画や歌や表現活動などに十分な時間がとれるようになる。

　2つ目に、年度当初に教科書に目を通して全体構想を練っておく。それぞれのプログラム(ユニット)のメッセージを知り、どう発展させるかを考えるのである。そして指導の軽重をつける。時間を十分にとって深める単元と、ワークシートなどを中心に軽く扱う単元を決めて分類する。深めたい単元については、それに関する資料を集める。例えば、環境、人権、情報といったメッセージなら、普段から新聞のテレビ欄、記事、雑誌、教育図書などで「これは使えそうだ」というものをチェックし、情報をファイリングしておけばよい。該当する単元に入る前に、改めてその情報をどう授業の中で使うかをデザインする。

　3つ目は、毎日の食事の「ご飯」にあたる部分を考えることである。飽きないで、しかも力がつくという活動を展開するのである。筆者の場合は「教科書ですでに習った単元を1分間150～200語のスピード(ニュースや普段の会話での速さ)でする音読」である。

　学習意欲は上達していることを自覚した時に生まれる。それを体感できる活動が「音読」である。音読はすべての基本になる。「聞く、話す」ことだけをやっていても、聞ける、話せる生徒は育たない。音読できないものは聞き取れない。また、自分の読む速さ以上の英語は聞き取れない。そこで、2年生は1、2年の教科書を、3年は3冊を合本し、すでに習った単元をペアで選んで、大きな声で速く(1分間150～200語)音読する。仕上げは、ペアでこの項の(3)で説明したようにシャドウイングをしながら同時通訳をしていく。また、教科書の1つの単元が終われば、1人ずつ全体の前で音読テストをする。黒板の前に立った時点で、読むページを伝える。読み終わったら、評価の判定は全員で一斉に行う。A判定なら指を1本、B判定なら2本、C判定なら3本。自己評価能力を高めるためである。上手に音読するにはどうすればよいかという具体がわかれば、家で毎日必ず音

中学3年生の全体構想

月	基礎トレーニング	教科書とタスク活動	ご飯の部分
1学期	シャドウイング、スラッシュ・リーディング、マッピング、映画(シャドウイングの応用)、説明の言い換え、等 (全体の30%)	・内容を深めるプログラム1～2 ・統合型のタスク活動を1つ ※言語形式、表現内容、表現意欲を三位一体として、使いながら身につける。単元や言語材料を座布団を積み上げるようにして教え込まない。 (全体の40%)	1年2年の教科書の音読・速読・同時通訳 歌のタスク (全体の30%)
2学期	上のトレーニングを継続 (全体の20%)	・内容を深めるプログラム1～2(時には投げ込み教材も) ・映画(シャドウイングの応用) ・統合型のタスク活動を2つ ・ハードカバーの卒業記念文集づくり (全体の50%)	3年の教科書の音読・速読・同時通訳 歌のタスク (全体の30%)
3学期	トレーニングの継続 (全体の10%)	・内容を深めるプログラム1～2(時には投げ込み教材も) ・映画(シャドウイングの応用) ・統合型のタスク活動を1つ ・卒業記念文集の鑑賞 (全体の60%)	音読の総仕上げ 歌のタスク (全体の30%)

読練習をするようになる。鍛えれば、1年生の教科書ならどの子も10分以内に通読できるようになる。一方で、楽しい音読練習も忘れてはいけない。英語の歌詞をなめらかに読めるようにするのである。実際、英語が苦手な生徒たちは、音読がスムーズにできるようになると一気に「ブレーク」する。

そして4つ目は、単元2、3ごとに統合型のタスクを設定することである。単元ごとにタスクを仕組んでいては、新しい言語材料を教えることだけに目がいってしまう。大切なことは、既習事項の何をどこで使うかを生徒が自分で判断できるようにすることである。週3時間になっても、学期に1つ2つ取り入れることは十分可能だし、英語科で身についたスキルが「総合的な学習」にもつながる。

作り方のコツはbackward designにすることである。まず、3年の3学

2. 学習集団を育てるための基礎トレーニング

期にはどんな生徒に育っていてほしいかをイメージする。そのために2学期に何をしておかなければならないかを考える。そして1学期を考える。それから2年生。そして1年生へとおりてくる。こうすると、「聞く、話す」活動を中心として、どこで何を仕掛ければいいかが見えてくる。もちろん、これは授業も同じである。

なお、これらの関係を図で表すと、前ページのようなものになる。

これは1年間で仕上げる計画なので、やや窮屈なものになっている。筆者は勤務校で7年間、3年生を担当した。毎年4月に出会う生徒たちのレベルが違うので、1学期に集中的に基礎トレーニングを課さざるを得なかった。できれば基礎トレーニングは、早い段階から、生徒の実態と発達段階に応じて、地道に取り組まれるとよいだろう。

第 3 部　指導法編

3. 協同学習で授業を活性化する

対象	中学〜高校〜大学
活動の目標	ペアでの活動を中心に、「同時通訳方式」を取り入れ授業をインタラクティブなものにする

3.1　協同学習の目指すもの

英語の授業の中で、お互いに学び合う cooperative-learning（協同学習）が提唱されて久しい。Johnson は、こう書いている。

> Working cooperatively with peers and valuing cooperation results in greater psychological health and higher self-esteem than does competing with peers or working independently. Personal ego-strength, self-confidence, independence, and autonomy are all promoted by being involved in cooperative efforts with caring people who are committed to each other's success and well-being, and who respect each other as separate and unique individuals. (Johnson, 1999, p. 33)

お互いに助け合いながら学習することは、1 人で学ぶよりも、自尊感情を高め、自主的・主体的な学習を促進するという。学校を競争社会でなく、協力社会にどれだけできるかに、学校の教育力を再生させる鍵があるとも言えよう。今までの体験として、教師の一方的な講義でなく、生徒たちが学び合い、教え合う授業形態の方がより英語の定着度も高いと言える。

では実際に英語の授業で具体的にどんな協同学習が可能だろうか。第 2 部では中嶋氏が「学習集団を育てる」という観点でこれに答えてきたが、ここでは、高校 1 年の英語のワンレッスンを例にまとめる。*English 21 I*（東京書籍）の Lesson 7: "Bob Marley: The King of Reggae" を題材に話を進めることにする。

3.2　1時間の授業の流れ

1時間の主な流れは次のようになる。(太字がペアワークになる)

(1) **Warm-up Activity**
レッスンの全体を概要導入する
(2) Section 1 の学習
a. Listening to the tape
本文のテープを聴き、話の筋をつかむ
b. Vocabulary
新出単語の発音、意味を確認する
c. Japanese-English Interpretation
本文の内容を日英語通訳方式で確認する
d. Chorus Reading
教師の範読について一斉の音読練習をする
e. **Repeating**
生徒がペアで音読練習をする
f. Important Expressions
本文の中で重要な文や節の意味や構造を確認する
g. **English-Japanese Interpretation**
ペアで英日通訳を練習する
h. **Shadowing**
ペアでシャドウイングの練習をする
i. **Japanese-English Interpretation**
ペアで日英語の通訳練習をする
j. Exercises
教科書の右ページの問題をやる
k. まとめ
1時間の授業のポイントを確認する

3.3　概要導入をペアで

教科書のレッスンは、「レゲエの神様」と言われているボブ・マーリーの

第3部　指導法編

生き方を扱っている。自由と愛と平和を歌い、政情不安定な母国ジャマイカに音楽を通して平和をもたらすのに貢献したというストーリーで、内容的にも協同学習にふさわしい。

さて、この物語を実際の授業で展開するために、ワークシートを前もって用意する。次のようなレッスン全体の要約文をわら半紙の裏表に印刷しておく。

〈Sheet A〉　ジャンケンで勝った人用
Lesson 7:　Bob Marley, the King of Reggae

Part 1
Reggae, which (　　) on the island of Jamaica, is very popular music. Bob Marley is one of the best-known reggae (　　) in the world. Marley turned to music instead of (　　) despite the political disorder of his native Jamaica.

Part 2
In the tradition of Marcus Garvey, Marley used his music to spread (　　) of peace. He wanted peace between black and (　　) people all over the world.
（Part 3 以降は省略）

〈Sheet B〉　ジャンケンで負けた人用
Lesson 7:　Bob Marley, the King of Reggae

Part 1
Reggae, which began on the island of Jamaica, is very (　　) music. Bob Marley is one of the best-known reggae singers in the (　　). Marley turned to (　　) instead of violence despite the political disorder of his native Jamaica.

Part 2
In the tradition of Marcus Garvey, Marley (　　) his music to spread

messages of peace. He wanted (　　) between black and white people all over the world.
(Part 3 以降は省略)

　Sheet A と Sheet B の空欄になっている箇所が違う。ペアの生徒にはそれぞれジャンケンで勝った人が Sheet A、負けた人が Sheet B を見るように指示する。そこで各ペアはこの要約文を一緒に読み合い、お互いに抜けているところを補い合う。綴りがわからないときは "How does it spell?" などと言って相手に尋ねる。協力しないと完成しないところがミソである。

3.4　本文の学習をペアの「同時通訳方式」中心で

　Reggae music has a relaxing beat and is easy to listen to. It started in Jamaica and has become popular in many countries around the world. Probably the most popular reggae singer in the world is Bob Marley. Marley was born in a small village in Jamaica on February 6, 1945. Marley's mother was a religious woman, and so Bob often heard her sing spirituals. This helped Marley develop his musical talent when he was young.
　Mother and son moved to the capital of Jamaica in the late fifties. Most young people there had no hope for their future because there was so much political disorder, and it was easy for them to turn to violence. But some, like Marley, turned to music. He started a group called *the Wailers* in 1973.

　さて、本文の学習にはいる。訳読の作業を節約するために、「日本語訳」のプリントを前もって配布しておき、Section 1 に入る。まず内容理解を「同時通訳方式」で教師と生徒との間で行う。普通と違うのは、訳読作業を逆にしている点だ。つまり、教師が英文を読んで生徒が日本語に訳すのではなく、意味のまとまりであるセンス・グループ(chunk とも言う)ごとに教師が日本語を言い、生徒がその部分の英文を読む。その実際を再現すると

こうなる。

教師: レゲエ音楽はくつろげるリズムを持つ
生徒: Reggae music has a relaxing beat
教師: そして気軽に聞くことができる
生徒: and is easy to listen to.
教師: それはジャマイカで始まった
生徒: It started in Jamaica
教師: そして人気が出た
生徒: and has become popular
教師: 多くの国で
生徒: in many countries
教師: 世界中の
生徒: around the world.

このように1文を意味のひとかたまりである chunk に分け、生徒にその chunk を意識して英文を読むというふうにして、日英通訳の要領で行う。生徒は自分のノートに書いた英文を読みながら、chunk の切れ目にスラッシュを入れてゆく。

一通り終わったら、次の教師の model reading について chorus reading をする時に、生徒は発音とスラッシュの位置を確認する。この後、内容や文法的な解説は、教師中心に全員で学習する。

3.5 ペアで Repeating 練習

次のアクティビティは、ペアで読みの練習。生徒の1人がテキストを見てスラッシュごとになるべく英文を覚え、それをパートナーに話しかけるように読む。もう1人はテキストを見ないで、聞いた英文をリピートする、というペアワークをする。

たとえば、こんな要領だ。

生徒 A: Reggae music has a relaxing beat

　　　　　　　　　　　　　　　　　3．協同学習で授業を活性化する

　　　　　　　　　生徒 B:　Reggae music has a relaxing beat
生徒 A:　and is easy to listen to.
　　　　　　　　　生徒 B:　and is easy to listen to.

　各セクションを半分に分け、途中で先に読む役を交代する。どちらが先かは、ジャンケンで決める。生徒は全員起立して、終わったペアから座るようにする。時にはバリエーションとして、face to face ではなく、ペアが背中合わせ（back to back）になりこの活動をやってもおもしろい。

3.6　ペアで英日通訳方式の練習

　重要構文や内容把握が終わった後、そのセクションの英文を内在化させるために変化のある練習を仕掛ける。まずはペアで英日通訳を練習させる。その様子を一部実況録音すると、

生徒 A:　Reggae music has a relaxing beat
生徒 B:　レゲエ音楽はリラックスできる拍子を持つ
生徒 A:　and is easy to listen to.
生徒 B:　そして気軽に聞くことができる

という具合である。役割はセクションの半ばで交代させる。生徒たちのレベルに合わせて、最初のうちはこの練習用のプリント（下記の例を参考に）を作っておく必要がある場合もある。わら半紙の左右に英語と日本語を対訳にして、真ん中で紙を折るようにする。

英　　語	日本語
Reggae music has a relaxing beat	レゲエ音楽はリラックスできる拍子を持つ
and is easy to listen to.	そして気軽に聞くことができる

3.7　ペアで日英通訳方式の練習

　今度は逆に日本語から英語への通訳練習を行う。再現すると、

生徒A: レゲエ音楽はリラックスできる拍子を持つ
生徒B: Reggae music has a relaxing beat
生徒A: そして気軽に聞くことができる
生徒B: and is easy to listen to.

という要領である。もちろん生徒Bは何も見ないで、生徒Aの日本語を聞いて英語を言うわけである。生徒Bが詰まったりしたら、生徒Aは助け船を出してやる。

3.8　シャドウイング練習

最後の仕上げに、ペアでシャドウイングに挑戦させる。ペアの1人が英語を話す。パートナーは聞いてからリピートするのではなく、聞こえると同時に英語を言ってみるのだ。ペアのレベルにもよるが、少しずつ高い目標に到達できるようにしたい。再現すると次のようになる。

生徒A:　Reggae music has a relaxing beat
　　　生徒B:　Reggae music has a relaxing beat
生徒A:　and is easy to listen to.
　　　生徒B:　and is easy to listen to.

本文のペアワークとしては、以上のような4種類がある。練習の順番としては、英語→英語、英語→日本語、日本語→英語の順が適当だろう。ただし、すべてをやるのではなく、取捨選択して行えばよい。ともあれ、変化のある繰り返し練習を通して、英文を定着させることが目的だ。1つの教材をいろいろな角度から練習し、量を多くして知らず知らずの間に英文が記憶に残るように指導したい。生徒が「英語がすらすら読めるようになった」「英文を訳さないでも前から意味をつかめるようになった」という実感をもてるようになればしめたものだ。

3.9　ペアでインタビュー活動

セクション全部の学習が終わったら、復習としてインタビュー活動をペ

3. 協同学習で授業を活性化する

Interview Sheet A

Interviewer: Could you introduce yourself please?
Bob Marley:
Interviewer: Where are you from?
Bob Marley:
Interviewer: When were you born?
Bob Marley:
Interviewer: What are you famous for?
Bob Marley:
Interviewer: What is reggae music like?
Bob Marley:
Interviewer: What did you use reggae for?
Bob Marley:
Interviewer: When did you hold your "One Love Peace Concert"?
Bob Marley:
Interviewer: What happened during this concert?
Bob Marley:
Interviewer: Did this help bring peace to Jamaica?
Bob Marley:
Interviewer: Is reggae popular in Japan?
Bob Marley:

Interview Sheet B

Interviewer:
Bob Marley: My name is Bob Marley.
Interviewer:
Bob Marley: I'm from Jamaica.
Interviewer:
Bob Marley: On February 6th, 1945.
Interviewer:
Bob Marley: I am probably the most popular reggae singer in the world.
Interviewer:
Bob Marley: It has a relaxing beat and is easy to listen to.
Interviewer:
Bob Marley: I used it to bring a message to oppressed people all over the world.
Interviewer:
Bob Marley: On April 22nd, 1978.
Interviewer:
Bob Marley: The leaders of 2 opposing political parties came on stage and shook hands.
Interviewer:
Bob Marley: Yes and even today, "One Love" is still sung by the Jamaican people as a kind of national anthem.
Interviewer:
Bob Marley: Yes, a reggae festival is held every summer in Tokyo.

アで行う。これも Sheet A と Sheet B (前ページ参照)を裏表に印刷しておく。Sheet A には Questions だけが載っており、Sheet B には Answers だけが載っている。これをジャンケンで役割を決めペアで行う。2人が協力しないと Q＆A ができない。

ALT がいれば、JTL と 2 人で一度模範を示すとよい。ペアでのインタビュー練習が終わったら、生徒全員に Sheet B だけを見させて、教師が at random に質問項目を言って生徒たちに答えさせるとよい。

3.10　英問英答は Crossfire か Treasure Hunt で

セクション1では、テキスト本文に関して下のような英問英答を用意する。

Questions and Answers:
1. Where did reggae start?
 (Answer: In Jamaica.)
2. Who is probably the most popular reggae singer in the world?
 (Answer: Bob Marley.)
3. When was Bob Marley born?
 (Answer: On February 6, 1945.)

セクションごとの英問英答は、いろいろなアクティビティが考えられる。今まで試みて成功した方法は、2つある。

1つは、クロスファイア (Crossfire)。これは、全員が起立した状態で教師が英問を出す。答がわかった生徒は挙手する。教師が指名し、答えられたらその生徒だけでなく、前後左右も着席できるというものだ。生徒数が少なければ、左右のペアだけにしてもよい。生徒は早く座りたいから、必死になって答えようとする。しかも、周囲も座れるとなると、協力しようという意欲が湧く。一石二鳥だ。

もう1つは、宝探し (Treasure Hunt) の方法だ。生徒をいくつかのグループに分け、1人をリーダーに選ぶ。教師は英問の答を教室の廊下に張り出しておく。生徒は、各グループで代表を決め、廊下へ行ってその答の

3. 協同学習で授業を活性化する

張ってある場所を探しあて、覚えて来てみんなに伝える。それを聞いて班の全員は、プリントに記入する。速くできたグループは、教師の所へ持って行き、答を確認してもらう。生徒たちはこのアクティビティを通して英語を読んだり、聞いたり、書いたり、話したりする。いわゆる4技能を統合的に使うことがこのタスクには隠されている。ともあれ、Crossfire も Treasure Hunt もゲーム感覚でやることが大切。楽しさの中に緊張感があり、終わったら英語が使えるようになったと、実感させたい。学習の主体は生徒たち、教師はその仕掛け人になるのだ。

3.11 協同するプロセスが学習そのもの

　言葉の学習では、教師が説明し生徒が理解するという垂直的な学習だけでは不十分である。理解した英文をペアやグループで使ってみるという水平的な学習により、それが内在化するものだ。そのために変化のある繰り返しの学習を組織する必要がある。読んだり、書いたり、聞いたり、話したりといろいろな技能を補完的に行いながら、英語の定着を図りたい。

　言ってみれば、協同して学ぼうというプロセスそのものが学習である。教室の中で生徒がお互いに助け合い、interact することを奨励したい。協力しながら英語という言葉を身に付け、異文化理解を深めてゆく。それが生徒の self-esteem（自尊感情）をも育むことにもなるだろう。

〈引用文献〉
中田清一他 (1999) *ENGLISH 21*. 東京書籍
Johnson, D. "What Makes Cooperative Learning Work". Griffee, D. (ed.), *Cooperative Learning*. JALT Applied Materials. 1999

第3部　指導法編

4. 魅力ある話し手、良い聞き手を育てるアクティビティ

対象	中学1年〜高校・大学
活動の目標	相手にしっかりとメッセージを伝える話し方、相手のメッセージをしっかりと受けとめる力を育てる

4.1 魅力ある話し手を育てる

　理念編でも述べたが、生徒の英語の話し方はえてして無表情・平板になりがちである。ここでは、相手にしっかりとメッセージを伝える話し方を育てる指導法を紹介する。

(1)　一言の持つ高い可能性に気づかせる

　英語教科書には、"Hi!" / "Nice to meet you." / "Are you all right?" / "Mike, this is my friend Kumiko." / "Good for you!" / "It's so nice of you!" / "This is great!" / "Oh, I'm sorry to hear that." をはじめとして、対人コミュニケーションに用いられる表現が豊富に含まれている。これらが教科書に出てくるたびに、単なる表現としてでなく、人間関係として提示し、それによってどんなにいい人間関係が切り開けるかを理解させる。

　例えば、中学1年教科書の Lesson 1 には "Hi! My name is Mike." といった初対面の挨拶が出てくる。これを次のような小話で導入する。

　「先生はよく海外旅行に行くために飛行機に乗ります。機内の座席は、真ん中が5人掛けになっています。もし皆さんが、5人掛けの真ん中の席になり、両隣は知らない人だったらどうしますか。何も言わずに黙っていると気まずいですね。気まずいままで10時間も隣同士で過ごしたくありません。そんな時、『最初に挨拶すればよかったな』と後悔するけれど、時間が経つほど言いにくくなります。だから、顔を会わせた最初に "Hi!" とこち

4. 魅力ある話し手、良い聞き手を育てるアクティビティ

らから声をかけることにしています。そうすると、たとえそのあと会話がなくても、お互いにリラックスできるし、お互いにやさしくなれる気がするんです。"Hi!" って、とってもいい言葉ですね。これを気持よく言えるようにしましょう」

次に実際に生徒の前で教師が機内の場面を再現し表情豊かに演じて見せ、宿題として鏡に向かって、自分の一番魅力的な "Hi!" の言い方を練習してくるよう指示する。次回の授業では、小グループで飛行機の座席に隣り合わせた場面での挨拶を行わせ、グループで最も好感の持てる挨拶ができた人を選ばせる。このように、対人コミュニケーション表現の一言の魅力をクラスで工夫することによって、表現力は育てることができる。

(2) Talk and Listen の手法

Talk and Listen は Richard Via (1983) が、元来俳優の訓練に用いていたものを英語教育に応用したものである。生徒2人がペアになり、例えば次の [A][B] のようなシナリオを持ち、それに2人が解釈を盛り込んだ上で、表情をつけてクラスで演じて見せる。他の生徒は、そのやりとりを見て、2人がどういう関係で、今何が起こっているのかを当てようとする。

[A]	[B]
A: What's the matter?	A:
B:	B: Nothing.
A: But I've never seen you like this.	A:
B:	B: I'll be all right in a minute.
A: Well, I wish you'd tell me.	A:
B:	B: I can't.

ここで用いるシナリオは、自由な解釈を可能にしている点が特徴である。上のシナリオで、例えば生徒は次のような解釈を思いつくかもしれない。

〈解釈1〉 A と B は老夫婦である。B は数ヵ月前に宝くじを買い、今日

がその当選発表の日である。何気なく新聞を見ていた B は、紙面の発表で自分が 1 等 5000 万円に当たったことを知り、歓喜に一瞬言葉を失う。

〈解釈 2〉 A は母親、B はその高校生の子供である。B は誰かに熱い恋をしており、愛しい人を想って目もうつろである。A はそんな子供の虚脱状態を見て、いじめにでも会ったのかと不安になる。

解釈 1 と解釈 2 では、同じシナリオを用いてもまったくちがったセリフの話し方になる。この Talk and Listen の利点は、① 生徒が自分たち自身で考えた解釈なので、感情移入がしやすいこと、② セリフを創作する言語的負担がないので、より解釈と感情移入に専念できることである。この程度のシナリオならば、中学英語教科書から抜粋したり改作して簡単に手に入る。

4.2 良い聞き手を育てる

良い聞き手となるためには、相手の言葉をしっかりと受けとめる訓練と、フィードバック表現を駆使して自分の理解を図りながら話者をも励ます訓練が有効である。

(1) Active Listening

縫部 (1985) による手法である。2 人でペアを組み、一方が自分に最近起こった出来事について語り、他方は相手が言った言葉と感情をそのまま受容して相手に返す練習である。

(例 1) 生徒 A: I got a "C" on a test yesterday and I feel wretched.
生徒 B: You got a "C" on a test yesterday and you feel wretched.

上例で、生徒 B は生徒 A に対して同情といたわりを込めて、やさしく言葉を返すことになろう。

(例 2) 生徒 A: I just ate a great hamburger and I feel satisfied.

生徒 B: You just ate a great hamburger and you feel satisfied.

この例では、生徒 B は軽い驚きと羨望を込めて言葉を返すだろう。

(2) フィードバック表現の駆使

良い聞き手は、話し手にフィードバックを返すことによって、自分の理解を図りながら話し手を励ましてゆくものである。こうしたフィードバック表現の代表的なものを下記に挙げる:

<u>あいづち</u>(rejoinder)(例) Uh huh. / Hhm hmm. / I see. / Oh, really! / That's great! / That's too bad. / I can't believe it.
<u>明確化要求</u>(例) I beg your pardon? / What did you say? / I'm sorry. I didn't catch that. / You are looking for *what*? / Sorry, but I don't understand. / "You should go to the dermatologist's." — "*How do you mean by* 'dermatologist?'" — "I mean the skin doctor." / "How do you spell that?"
<u>確認チェック</u>(例) "I have finished lunch." — "So (*You mean*) you are not hungry. / "Your plane departs at Gate fifty-three." — "*Did you say* Gate fifty-three?"
<u>話者コントロール</u>(例) Could you speak slower, please? / Could you speak louder, please? / Could you spell that for me, please?

こうしたフィードバックの表現集としては Kehe and Kehe (1994) が便利である。

さて、こうしたフィードバック表現も、ただ知っているだけでは使うことにはつながらない。日本語のコミュニケーションでは、今話している人が完全に話し終え、沈黙によって発言の turn を手放してはじめて、次の人の発言が許される。したがって日本語母語話者は、明確化要求・確認チェック・話者コントロールのように、相手を interrupt する傾向の発言が苦手である。使えるためには実地の練習が必要である。そういう練習法として、① Respond And Sit Down、② Feedback Observation、③ Feedback Clinic の手法を紹介したい(なおこれらはあくまでも筆者の便宜的命

名である)。

① **Respond And Sit Down**

小田原 LIOJ のドン・メイビン氏から教わったテクニックである。フィードバック表現を教えたあとで、クラスのうち 10 人ほどを立たせ、教師が話す英語に対して何らかのフィードバックを返したら着席していいことにする。それから教師は自分や最近の出来事などについて、文と文の間に多少ポーズを取りながら生徒に話し聞かせる。それに対して "Uh huh." でも "Pardon?" でもいいから、フィードバックを返した者は着席させる。日本の生徒にはこれがなかなかできないものである。過度の恐怖を与えないために、立っている者が 2 人になった段階でそのグループは終了し、別のグループで行う。

② **Feedback Observation**

上記 Respond And Sit Down に続けて行うとよい。3～4 人のグループで着席し、speaker と recorder を各 1 名、残りは listener とする。Speaker が先ほどの教師のように英語で小話をし(あらかじめ用意させておく)、listener はそれに対してできるだけ多くのフィードバックを返すこととする。その間に recorder は、誰が何回フィードバックを返したかを記録して回数を競う。

③ **Feedback Clinic**

さて、生徒に feedback をさせてみると、場面に不適切だったり、話し手に失礼な問題発言が含まれていることがわかる。そこで時々、下記のように、スクリプトされた発言に対して生徒がフィードバックを記入する練習を行い、それを回収してアドバイスを与えて feedback clinic とする。

英語フィードバック・クリニック

ここは「テニスで英会話」教室のレッスンです。この教室ではネイティブ・スピーカーのインストラクターが英語でテニスを教えます。この教室には 3 つのルールがあります。

1. 生徒はインストラクターにできるだけ多くの質問やコメントを発すること。

4. 魅力ある話し手、良い聞き手を育てるアクティビティ

2. わからない言葉はすべて聞き返すこと。
3. 日本語をしゃべらないこと。
今日はレッスンの初日で、インストラクターの自己紹介から始まります。インストラクターの言葉のあとに、さっそく質問やコメントを記入しなさい。

インストラクターの発言	君の質問やコメント
Hi! My name is Anne Robinson.	（例）Hi, Anne!
Please call me Anne.	
I am your instructor.	
I come from Wellington, New Zealand.	
I have been playing tennis for eighteen years.	
When I was in college, I competed in the Commonwealth Tennis Tournament.	

〈引用文献〉

Kehe, D. and P. D. Kehe (1994), *Conversation Strategies*. Brattleboro, Vermont: Pro Lingua Associates.

Via, R. A. and L. E. Smith (1983), *Talk and Listen*. New York: Pergamon Press.

縫部義憲（1985）『人間中心の英語教育』ニューベリハウス出版社

5. お互いに意見を交換する授業

対象	中学～大学
活動の目標	オーラルの授業で相互理解を深めるためのインタビューやアクティビティを作る

5.1　はじめに

オーラル・コミュニケーションなどの英語授業で、単に買い物、道順、電話の会話など、想像力と創造性の薄い練習をするだけで終始してはつまらない。教室の中にいる生徒が、英語を通してお互いの人間理解が深まる。それが本来のコミュニケーションではないだろうか。

違った意見を引き出すことで授業が活性化される。意見の対立をもとにどうやって「学びの磁場」を作り出すか、いかに教材を調理して生徒にauthentic（現実味のある）でrelevant（直接関係がある）な内容にするかが、教師の腕の見せ所だろう。

最近、外国語教育で personalization が注目されている。次の指摘が参考になるのではないだろうか。

> As language teachers, we are well aware that learners need to be motivated in order to be successful. Personal involvement is one very effective way of enhancing motivation. By this, we mean making language learning content personally meaningful. If learners feel that what they are asked to do is relevant to their own lives, and that their feelings, thoughts, opinions and knowledge are valued, and crucial to the success of the activities, then they will be fully engaged in the tasks and more likely to be motivated to learn the target language.
>
> 　　　　　　　　　　　　　　（Griffiths and Keohane, 2000, p. 1）

教材内容が学習者にとって関心があり、自分たちの生活に関係があると

感じることにより、学習者のモティベーションが高まり、タスクが成功するし、ひいては目標言語を身につけようという意欲がわく、という視点である。

私は高校の Oral Communication の授業では、なるべく多様なタスクを作り、英語を通してお互いの意見交換が促され、人間理解を深めてゆけるように心がけている。教科書をもとに、どうやってプラスアルファのタスクを作るか、その例を紹介したい。

5.2　Do you like your school uniforms?

例えば次の教科書の Lesson 2 では、アメリカからの留学生が日本の高校生活でびっくりしたことを語るという内容である。教科書のダイアローグはこうなっている。

Lesson 2　Bob's Diary

〈GETTING READY〉
Task 1:　Listen to the dialogue.

Mary:　Why do you and Kumi wear the same jacket and skirt?
Yuko:　Oh, these are our school uniforms.
Mary:　What? Do you have to wear uniforms at school?
Yuko:　Yes.
Mary:　Wow, that's new to me.

(*Evergreen New Edition*, 第一学習社)

このようなダイアローグは、生徒の内容理解を確認し、発話できるようにしたら、さっさと次の教材へ進んでしまいがちであるが、よく着目すれば本物の意見交換へと発展させられる萌芽を含んでいる。

そこで、このダイアローグをもとに、ペアで相手の意見を尋ねあうアクティビティ (task 2) を作る。Do you like your school uniforms? という質問を付け加え、その答として Yes, I like them, because . . . . / No, I don't like them, because . . . . と意見を言えるようにする。

> **Task 2: Have the following dialogue with your partner.**
> A: Why do you wear the same jacket and skirt?
> B: Oh, they are our school uniforms.
> A: What? Do you have to wear uniforms at school?
> B: Yes.
> A: Wow, that's new to me. Do you like your school uniforms?
> B: Yes, I like them, because _____.
>   / No, I don't like them, because _____.

次に、生徒は教室の中を自由に歩き回り、task 2 の質問を誰かにインタビューをして、表に書き入れる。下記のようなワークシート（task 3）を用意する。

> **Task 3 Have a dialogue with anyone you like and fill in the blanks.**
>
> ジャンケンで勝った人が'タスク2'のAをやり、負けた人がBをやりなさい。勝った人のみ相手の分かった情報を書き入れなさい。
>
> | No. | partner's name | school uniforms Yes / No | because（日本語まじりでも OK） |
> |---|---|---|---|
> | 1 | | | |
> | 2 | | | |
> | 3 | | | |
> | 4 | | | |

5.3 活動の手順

手順としては、次のように行う。

5. お互いに意見を交換する授業

(1) ALT と JTL が 2 人でこの task 2 のインタビューを実演してみせる。
(2) 生徒に自分の意見を task 2 の Yes / No のどちらかで書かせる。
(3) パートナー同士で task 3 をやるように指示する。
(4) 次に教室の誰かと task 3 をやるよう指示する。

最初のうちは遠慮がちな生徒たちが、だんだんにぎやかになっていく。このタスク活動のミソは、ジャンケンで負けたら質問できない点である。運、不運が結果を左右するので、いっそうスリルがあり楽しみが倍加する。また、この活動中は BGM として英語のポップスを流し、少しうるさいぐらいにしておくと、恥ずかしがらずにやる。

5.4　意見をみんなで共有する

大切なのは、お互いがどんな意見を持っているかを交換することである。活動が一段落したところで、何人かの生徒にインタビューの結果を発表させる。教師が生徒に質問して答えさせる。一例を示す。下線部は生徒によって答えが変わる。

JTL: Who did you interview?
Student: I interviewd Mayumi.
JTL: Did she say "Yes" or "No"?
Student: She said "Yes".
JTL: Why did she say "Yes"?
Student: Because the school uniforms are cool.

理由については、「日本語まじりでも可」ということにする。いきなり英語で理由を答えさせるのは無理があるだろうし、まずは意見を表現することを優先したい。

たまたま 1 年生から制服がセーラー服からブレザー服に変わったところだった。新しい制服を着て 1 ヵ月がたち、さまざまな意見が出された。制服そのものの是非と、セーラー服対ブレザー服の是非が混在した答が集

まった。

〈Yes の人の理由〉
- 私服だと朝起きて服を選ぶのが大変だから。
- セーラー服は動きにくいから。
- 知的で可愛いから。

〈No の人の理由〉
- 制服だとどこの高校かすぐわかるから。
- ブレザー服は暑いから。
- スカートが変だから。

　こういった意見を、教師が黒板に英語でまとめてゆく。ここで生徒は、自分の意見を英語で何と表現したらよいかを学ぶことができる。学習の personalization がここに具体化される。欧米では生徒の服装はどうなっているのか、どんな問題点があるのか、ALT や留学生がその場にいれば違った角度からコメントをもらったりすると、知的刺激になる。

　時間的な余裕があれば、制服のメリット・デメリット、欧米と日本の制服に関する考え方の違いなどまで発展させることも可能である。こういった活動を通して、自分たちの身近な問題を英語で表現できる自信を持たせたい。

5.5　生徒の反応から学ぶ

　最後には、「活動の振り返り」を大切にしたい。生徒が活動を通して何を考え、何を学んだかをプリントの最後に書かせる。いくつか典型的な感想を英語通信に載せるとか、口頭で教師が読んでやるとよい。生徒のフィードバックが、教師の授業に対する反省、次のレッスンを作る意欲にもつながる。

　最後に、主な生徒の感想を拾っておく。

- みんな No かなと思ってたけど、Yes の人もいた。セーラーでもブレザーでもどっちでもいいけど...。
- 授業は楽しい。こういう機会をたくさんやってほしい。友達の意見とかが

聞けるから。
- みんなが school uniform のことをどう思っているかわかった。英語でこういうことが聞けるなんて知らなかった。
- 会話楽しかったです。HAPPY! 制服もサイコーです。

5.6 まとめ

　英語の授業はとかく、内容の解読、文法の解説、機械的なドリルなどになりがちである。ちょっとした工夫で意見の対立を仕組み、コミュニケーションの醍醐味を体感させることが、英語学習を活性化すると思う。その調理の仕方の一例を紹介した。

　最後に、天満美智子氏の言葉を引用したい。

> 　ある決められたことを教えればそれで授業が成立すると考えることの誤りを指摘したい。教えたことが、子どもの内部でどう動いていくか。子どもが自分の問題として取り組みはじめ、自分の目的のためにそれを新たに変形し、自分の手で、自分の口で、試行していく。それを教師は注視し、必要あれば手をかし、励まし、一人歩きへと至らせる。まだ完全な歩行とはいかないまでも、子どもの自立のよろこびは、自信を強め、学習意欲を倍加する。自分で確かめた体験、自分の意志によって対象とかかわりを持った実感こそを子どもは求めているのであり、授業はその時点ではじめて成立すると言えよう。教育は行政の立案者がするのでもなく、精緻をきわめた教授技術によるものでもなく、子どものもっとも身近にいる教師自身による子どもとの真の交流から生まれるものである。　　　（天満美智子、1982、pp. 156–157）

〈引用文献〉

Griffiths, G. and Keohane, K.（2000）*Personalizing Language Learning*. Cambridge University Press.

佐々木昭他（1998）*Oral Communication B: Evergreen New Edition*. 第一学習社

天満美智子（1982）『子どもが英語につまずくとき』研究社出版

第3部　指導法編

6. 映画を活用した授業

6.1 中学校での指導例

対象	中学～高校
活動の目標	英語リスニング指導の仕上げとして、「聴き取れた！」という達成感を味わえるようにする。

　映画で本物の英語に触れることは、生徒にとって大きな刺激となる。ただしその場合にも生徒に、「やっぱり聞き取れないよ」といった敗北感を持たせるのではなく、「自分にも聴き取れた」という達成感を持たせる仕掛けが肝心である。英語の利用にあたっては、そのための教師の工夫がものをいう。以下に紹介するのは、達成感を持たせる映画の指導法の一例である。

　筆者は授業で映画を1本まるごと見せる。講演などで紹介すると、ほとんどの方が驚かれる。しかし、英語の学習では、実際に使えた、できたという感動を生み出すことが大切なのである。

　ではどんな映画がいいか。いくら教師が好きなものでも、古い映画やシリアスなものでは食い付きがよくない。答は、サスペンスかホラー映画である。かといって血がドバドバという映画では気持ち悪くなる。保護者からクレームがつくことは必至だ。愛嬌もあって怖いというものがお薦めである。筆者がよく使うのは2年生では "Child Play", "I Know What You Did Last Summer", "Home Alone"。3年生では "Speed", そして卒業のメッセージも含めて "Armageddon", "The Great Dictator", "The Karate Kid"。

　なぜ、サスペンスやホラー映画がリスニングにいいのか。

　理由は2つある。1つは、日常生活と逆転した生活がバランスよく出てくることである。だから怖いのである。日常生活のシーンでは、自分たちが日頃体験する場面が数多く出てくる。話される内容も身近なことなのでわ

6. 映画を活用した授業

かりやすい。

　もう1つは、怖いシーンでは思わず次を予想しながら聞いているということである。リスニングでは、この予想しながら聞くという習慣をつけることが大切だ。ある時、英検3級のリスニング・テストで満点をとった生徒が2人いた。2人にそれぞれコツを聞いてみたところ、2人の答はまったく同じだった。「次を予想しながら聞くようにしている」

　ぜひ ALT と共同で、時間差のあるリスニング用のテープを作りたい。テープの中では、文と文の間を2秒ぐらいあけて読む。その間に次の文を予想させる、またはその文に対して質問を考えるようにさせるのである。こうすると、メッセージを聞き取ろうとするようになり、どんどん耳が鍛えられていく。

　さて、聞きやすさという面では子どもが登場する映画が断然いい。子どもの話す英語はとてもわかりやすいからだ。ディズニーの映画や "Sesame Street" のビデオなども大いに利用されるといいだろう。"Sesame Street" のビデオでは、中3から高校生向けには "Don't Eat the Pictures" がお薦めだ。

　ところで、筆者は "The Karate Kid"（英語の字幕付き）以外は、基本的には日本語の字幕付きの映画を使う。「よし、自分も!」と気合いの入った方は、いささか拍子抜けされたかもしれない。

　それには、理由がある。

　映画を見る場所はコンピュータ室である。ヘッドセットを使う。やり方は2通り。1つめは、映画の途中をポーズで止めて最後の英文を書き取らせる方法である。すぐにはわからない。そこで巻き返して再度聞く。黒板には、書き取る文の単語の数だけ下線を引いて提示する。5つなら5本である。生徒に答を言わせる。再度巻き戻して確かめてみる。ここで教師が答を言う。ここで終わらない。もう一度巻き戻して「本当にそう言っているかどうか確かめなさい。納得できたら挙手しなさい」と言う。これで刷り込みは OK だ。ほとんどの生徒が「ホントだ、そう言っている」という確信をもつ。教師は「授業中、あと2ヵ所止めるからね。次はできるかな」と挑戦的に言う。生徒は、身を乗り出して聞こうとする。

後は黙っていても、音を聞きながら字幕で確認するようになる。こうすると、最初から字幕を読もうとする生徒はいなくなる。「ああ、なるほど」という気づきは多ければ多いほどよい。

2つ目は、字幕に出てこない単語を聞き取れたらそれをノートに書いていくという方法だ。大体10分ごとに友達と確認する。字幕には話されている内容の半分も書かれていないということを伝えておくと、真剣に聞き取ろうとする。ところどころで教師の仕掛けが必要になる。

例えば2年生の "Child Play" では、殺人鬼がのりうつった人形から逃れるために、病院から家に行くシーンがある。刑事が母親に尋ねる。"Does he have a key?" 字幕では「カギは？」と出てくる。次の母親のセリフに対する字幕は「あるわ」である。しかし、英語は Yes, he does. ではない。では「答は何だろう」と問いかけるのである。なんと母親は "Under the mat." と答えている。これで、この家庭ではカギを普段からマットの下に置いておく習慣があるということがわかるのである。

『ジュラシック・パーク』の1では、恐竜が檻の中で暴れるシーンが出てくる。銃を構えた男たちに、ある男が叫ぶ。字幕には「撃て」と出る。

ここが仕掛けどころ。教師の発問は「この恐竜は雄か雌か」。

セリフは "Shoot heeeeeer!" そう、雌なのである。教師の説明の後、これが聞き取れた途端、クラスの中に「おおっ」というどよめきが起きる。このように、時々「なるほど、そう言っている」と納得できる部分を計画的に提示することが、学習者のモチベーションを高めるコツである。教師はディレクター。最後にビデオを止める箇所も決めておきたい。なにかが起きそうな場面、ハッとした場面で止める。これで次の授業へのモティベーションができる。時間が少々足りなくなろうが、余ろうが止める箇所を外してはいけない。これが大切である。まずいのは、チャイムが鳴ったから止めるというやり方。演出家としてのビジョンがない。

そして最後の仕掛けは、映画のレポートを英語で課すということだ。心が動いたことは、書きたくてたまらなくなる。

6. 映画を活用した授業

> （アルマゲドンを観て）
> I think Armageddon is the best movie. This is so exciting! We enjoyed it very much, because I could understand lots of English words. I was very happy! Last year, I couldn't listen to any words, but this time, I could hear almost. In the last scene, I was in perfect English mode. I thought I came to English World. I didn't have to read Japanese subtitles. I like English much better than before. I want to watch more movies. あーん、もういいです。日本語で書かせていただきますね。とにかくとても楽しめました。自然に英語が頭に入ってきて、字幕を見ない方がおもしろく感じました。字幕と言っていることが少し違うというのも実感できました。最後の方は完璧に英語モードでした。英語のままで感動したのは初めてです。早く英語で世界中の人と話をしてみたいです。たくさんの表現方法を学んで、いろんな人に私の思っていることを伝えたいです。この日本語も全部スラスラと英語で書いてみたいです。　（2年女子）

> （ベスト・キッドを観て）
> This movie touched me a lot and gave me very important things.
> First, I learned we can do everything if we make efforts. To think "Never give up" is very important, I thought. Now, I'm studying every day. I think I'll never give up even in hard days. I'd like to study hard with my friends. I hope everyone succeed and share the joy each other.
> Second, I must be a person who has a strong mind. I'd like to be a person who can live with his own thoughts. I want to take care of myself like Daniel.
> Third, it is always important not to lose the warm heart. Daniel had a warm heart and it changed his friends. I learned these things in this movie. And I want to have a hope for the future.　（3年男子）

　映画の時間をどう生み出すかは気になるところ。指導内容の効率化と軽重を考え、時間を生み出す工夫が必要になる。映画は生きた教材になる。中学校・高校とぜひ系統づけたいものである。次の高校編も参考にしていた

149

だきたい。

6.2　高校での指導例

対象	高校〜大学
活動の目標	臨場感がありハートウォーミングな映画を使い、耳と目の両方から生の英語を学ぶ、そのメリットと指導法を示す

(1)　映画を利用することの効用

　英語教材用に作られたビデオやテープは、あまりauthenticityが感じられない。それと比較して劇場用の映画(ビデオ)は、優れたシナリオをもとに、一流の監督が演技指導をし、一流の俳優が演技をし、リアリティあふれる作品が数多く製作されている。これを英語授業に活用しない手はない。

　私も今までに数多くの映画を授業で扱った。生徒は映画教材に高い評価を与えている。映画の利点としては、

(1)　言葉が生きたシチュエーションの中で使われている
(2)　画面を通じて動作や表情などのnon-verbalな部分が見える
(3)　歴史的背景や文化の違いなどがトータルに伝わる
(4)　感受性豊かな若者の心に訴えかけるパワーがある
(5)　授業を契機に生徒が自分で映画を見て英語を学ぶ動機づけになる

　言ってみれば、憧れの映画スターが英語教師になるようなもので、感情移入して映画に浸りきることができる。海外旅行が容易になったと言っても、まだまだすべての生徒にとって日常的なものではない。それに比べてレンタルビデオの映画ならば、数百円で擬似体験ができる。英語学習にうってつけの教材になりうるのだ。以下、1つの映画を例に授業でどう扱うかを記したい。

(2)　映画『遙かなる大地へ』を使って

　卒業を控えた高校3年生の3学期に『遙かなる大地へ』(原題 "Far and

Away")を取り上げた。スクリーンプレイ社からも映画の台本が出ていたので、それを活用してプリント教材を作った。

ストーリーは、19世紀末、アイルランドから自由と土地を求めて階級の違う男女(トム・クルーズとニコール・キッドマン)がアメリカへ渡り、貧しさと苦難と闘いながら新天地を切り拓く、というもの。この映画は高校を巣立つ若者たちに贈るに適した内容であり、また、ケルト的文化を知る上で興味深い内容でもある。

この映画は10章にシナリオが分かれており、そこから下記のような内容的に心を打つ場面を取り出し教材化した。

---

(1) ジョセフ　Joseph
アイルランドの片田舎、ジョセフ(トム・クルーズ)が父親の臨終を見届ける場面。

(2) ムーンライト隊長　Captain Moonlight
復讐のために地主の家に押し入り、初めてそこの娘シャノン(ニコール・キッドマン)に会う場面。

(3) 決闘　Dueling Pistols
若い2人が目的は違うが、共にアメリカへ行こうと話す場面。

(4) 盗まれたスプーン　Stolen Spoon
ボストンに着くやいなや、お金の替わりに持ってきた銀のスプーンを盗まれてしまう場面。

(5) 農民たちの反乱　A Fiery Rebellion
無一文ながら、これが自由の国アメリカだと2人が薄汚い宿で言葉を交わす場面。

(6) ボクサー　Scrapper
喧嘩に強いジョセフはボクシングで勝ち、お金を獲得、酔って帰ってきた彼をシャノンが寝かしつける場面。

(7) 世間知らずのアイルランド人　An Ignorant Mick
ボクシングで稼いだお金でジョセフは洋服を買い、しゃれた帽子をかぶり大得意、それに愛想をつかしたシャノンと口論する場面。

(8) 銃弾　Gunshot
寒い雪の夜、さまよい歩き豪邸に入り込み、2人が夢を演じる場面。

第3部　指導法編

(9)　人間の魂　A Man's Soul
　お互い別れ別れになりながらも、目的地オクラホマに到着し、自分の土地を確保するレースに挑む場面。
(10)　夢のレース　A Race for a Dream
　馬にはねられ息絶えるジョセフに泣いて訴えるシャノン、そして(ケルト的というか)生き返って一緒に地面に旗を立てる場面。

以上を自作テキストに編集した。そのテキストの一部を載せる。

映画で学ぶ英語
『遥かなる大地へ』Far and Away

〈ストーリー〉
　19世紀末の北アイルランドでは、農民が大地主の搾取に苦しんでいた。貧しい小作人の息子ジョセフは、父の仇を討つため、大地主の屋敷に向かう。そこで逆に捕らえられる。ジョセフの命を救ったのが、大地主の娘シャノン。自由を渇望するシャノンは、アメリカのオクラホマでは土地を無料で獲得できるといい、アメリカへ行かないかと誘う。
　ジョセフは自分の土地を手に入れるという悲願を果たすため、シャノンとともにアメリカへと旅立つのだった。しかし、新天地で2人を待ち受ける運命は厳しい。貧困や苦難に打ちひしがれ、波乱の末にたどり着いたのは...。

Introduction of the Story:
　Joseph Donnelly, a young Irishman facing property eviction after his father's death, decides to take revenge on Daniel Christie, his landlord. Instead of killing Christie, however, he is injured and sentenced to a duel with Christie's arrogant manager, Stephen Chase.
　Meanwhile, Shannon, Daniel's daughter, is growing dissatisfied with the traditional views of her parents' generation and longs to be modern. She makes her plans to leave for America, and with her help, Joseph is able to escape.

〈授業の進め方〉
(1)　1時間の授業でプリントを2章ずつ進みます。

(2) 週1回、4回に分けてこの映画のビデオを観ます。

1. Joseph（ジョセフ）

舞台は1892年の西アイルランド。数世代にわたる圧制と貧困にあえぐ小作農民たちは、裕福な地主たちによる不当な小作料や残酷な立ち退き命令に反抗を始めた。その1人であるジョーは、怪我をして家に運ばれる。一時的に死から甦り、息子のジョセフにこんな遺言を残す。

JOE:　Joseph!
JOSEPH:　Sweet Mary, Jesus! All the saints preserve us! We thought you died, Da!
JOE:　I did, son. (1) (　) (　) (　).
JOSEPH:　But you're talkin' to us, Da. And your eyes are, they're lookin' about.
JOE:　I was (2) (　) (　) (　) (　) (　), I tell you. Now shut your mouth before I die again.
JOSEPH:　Well, I, um . . .
JOE:　Come here! (3) (　) (　) (　) (　) (　) (　).
JOE:　You're an especially odd boy.
JOSEPH:　Ya come back from the dead (4) (　) (　) (　) (　) (　)?
JOE:　You have all kinds of oddities clattering around in your brain. So had I, when I was as young as you. But dreams, my boy, in this poor corner of the world, end up in a glass of ale.
JOSEPH:　No. Not my dreams, Da. (5) (　) (　) (　) (　) (　) (　).
JOE:　Without land a man is nothing, they say. Yeah. Land is a man's very own soul.

[注]　Sweet Mary　（驚き、恐れなどを表して）おやまあ、なんと
　　　All the saints preserve us　聖人たちよ、我らを守りたまえ → 強い当惑を表す
　　　Da = Dad
　　　Ya = You

> **★True or False Questions:**
> (a) Irish farmers are unhappy as a result of being badly treated by wealthy landlords.
> (b) Joe believes that without land, a man is nothing.
> (c) No rent is owed on the Donnelly's property.

　授業では、映画から音声だけ取り出して編集したテープを生徒に聴かせ、穴埋めディクテーションを課した。斬れば血が出るというか、純ナマの英語を聞き取ろうと生徒たちは真剣だった。トム・クルーズがしゃべるアイルランドなまりの英語を必死で書き取ろうとしていた。

　その後で日本語訳をした。教科書をただ読んでいるテープと違い、臨場感あふれる英語を聞いた後なので、教師側も思わず感情移入して chunk ごとに日本語訳を言いながら、生徒たちに英語のセリフを音読させた。再現すると、

教師：　ジョセフ！
生徒：　Joseph!
教師：　ひゃー、驚いた！
生徒：　Sweet Mary, Jesus!
教師：　神様、我らを守りたまえ！
生徒：　All the saints preserve us!
教師：　死んじゃったとばっかり思ったよ、父ちゃん！
生徒：　We thought you died, Da!

　例でもわかるように、訳読の逆を行った。英文和訳に時間を費やすのではなく、日本語表現を英語でどう言っているかに生徒の神経を集中させたかったからである。その後に、内容把握のために True or False Questions、ところによっては Multiple Choice Questions を実施した。

(3)　映画の鑑賞
　映画は4回に分けて鑑賞した。それも連続ではなく、2時間授業で扱った後、1時間で大体その部分が見られるように割り当てた。LL 教室を使い、

6. 映画を活用した授業

ビデオをプロジェクターにつなぎ、大スクリーンに映し出して見せた。テレビ画面では味わえない臨場感だった。授業で学んだ場面は、日本語字幕ではなく、キャプション・デコーダーで英語字幕に切り替えて、生徒に再確認をさせた。

　終わりの方のシーンで、ジョセフが夢に見た自分の土地を目指し馬で疾走する時、死んだはずのジョセフが生き返る場面では、それこそ全員がシーンと静まり返り、固唾を飲んで見ていた。最後に、ジョセフとシャノンの2人が手を携え旗を立てる場面では思わず拍手が起こった。

　エンヤの奏でる美しい音楽とアイルランドの風景、壮大なアメリカの大地、人生の夢を賭けた若者の遙かなる旅――こちらも教材作りに大変だったが、やり甲斐のある授業だった、と生徒たちの感想を読んで感じた。

(4)　生徒のアンケート結果

　この年は、『遙かなる大地へ』の他に、『ジュラシックパーク2』『ノートルダムの鐘』も扱った。1年間のリーディング授業を終え、生徒にアンケートを取った中で、映画を扱った部分を特に良かったと述べている。

「映画を見ながら英語を学べた」

「映画を通して外国の文化をたくさん知った」

「映画教材のお陰でリスニングの力もついた」

「外国文化の背景とかよもやま話とかが楽しかった」

「教科書だけでなく、映画で英語が勉強できて想い出に残った」

「Thank you very much for teaching English through movies.」

などの声が多く寄せられた。生徒たちは英語を通して、外国の異文化に興味を抱き、愛と正義、生きる糧を求めていることがわかる。ハート・ウォーミングな内容の映画は、生きた教材として最適だと言える。

(5)　インターネット上の映画情報

　3年生にWRITINGを担当した際、何本かのビデオを部分的ではあるが見せた。会話的な表現に目を向け、英語的な発想に慣れ、やさしい英語で言えることを実感させることを意図した。また、内容的には、高校生の感

性に訴えるものを選んだ。『ショーシャンクの空に』『フリー・ウィリー2』『フォーエバー・ヤング』『天使にラブソングを2』などである。

　映画についてのデータや映画評論英文などは、インターネットで検索して入手した。参考になるウェブ・サイトとしては、次のようなものがある。

- (a) 　The Internet Movie Database (http://us.imdb.com/)
　　　洋画のあらすじや俳優の情報などがわかる。
- (b) 　TSUTAYA online (http://www.tsutaya.co.jp/)
　　　日本語で洋画のあらすじや出演者のプロフィールが読める。
- (c) 　Drew's Script-O-Rama (http://www.script-o-rama.com/)
　　　数多くの洋画台本が集めてある。

これらからの情報を取捨選択してプリントし、その都度生徒に配布した。映画を見せながら、生きたセリフから気の利いた表現を見つけたり、日常的な英語表現を聞き取らせたりした。

(6) 生徒の感想を英文化する

　WRITING の授業の一環として、学年の終わりに "Cinema and I" というテーマで自由英作文を課した。いくつかを紹介する。

(1) My favorite movie is "Armageddon". It was very moving for me. Bruce Willis is very handsome. In the last part of the movie, he died to save people who live on the earth. I cried a lot. Thanks to him, his family, his friends, and people all over the world could keep on living.
　　The theme music of this movie was made by Aerosmith. This song is very good. This song goes well with the movie. I want to watch the movie again in the theater.　　　　　　　　　　　　　　(M. U)
　　　映画『アルマゲドン』を推薦、地球を救うというストーリーとエアロスミスのテーマ曲が良かったと。

(2) My favorite movie is "TITANIC". I didn't like watching movies before, but this movie made me change my heart. I was moved by this movie. When the people escaped from the ship, I was very excited. I prayed that they would be able to survive. I think it is important to check safety.

I had a good time in the class. I watched a lot of movies. So I found those movies very interesting. I like movies now. I want to watch a lot more movies.　　　　　　　　　　　　　　　　　　　　　　　(R. O)
   お気に入りは『タイタニック』、これで映画が好きになったと。
(3) I like movies very much. When I went to the United States, I was excited to think that a lot of movies were filmed there. My favorite kinds of movies are stories of friendship. So I like the movie "My Friend Forever" best. I saw this movie many times. It is a story about two boys: Erik and Dexter. Dexter had AIDS and they set out a journey to look for the cure. But Dexter died. Erik then exchanged his shoe with Dexter's shoe. It means "You are not alone". I like this scene.　　　(Y. K)
   エイズの少年を描いた『マイフレンド・フォーエバー』が好きだと。
(4) My favorite movie is "Sister Act 2". I will tell you about my experience. When I was a junior high school student, there were all kinds of students in our class: bad students, selfish students and so on. At first, our class didn't have unity. Our homeroom teacher had sympathy for us. She listened to our troubles and solved them one by one. We liked her and we got our unity.
   We won in the cultural festival, sports festival and so on. Our class became a good class. One of the girls was very bad. Her hair was brown in color. But she was changed by our teacher.
   This is my experience. So I was fascinated by this movie. I thought there was a similarity between this movie and my experience. I like Deloris and the students. This movie made me happy. My school life is almost over, but I will never forget this movie. I would like to find nice movies. I want to sing songs like the students in the movie.　(M. K)
   『天使にラブソングを2』に中学時代の出来事をダブらせて推薦。

　手順としては、まず下書きを提出させ、global error を教師が訂正した後返却し、清書させた。生徒たちの作品は、わら半紙に印刷して配布した。そして、1時間かけて各自に朗読をして発表してもらった。どの作文も人柄が出ていて興味深く、クラス全体が和やかな雰囲気の中で、しかも真剣に聞いていた。若者の心の琴線に触れる映画というテーマならではの成果

だった。

(7) おわりに

人間世界の森羅万象を描く映画は、何語であれ観客に訴えかけるものがある。何気ない仕草やジェスチャー、セリフにその文化が反映されている。今まで扱って良かった映画をいくつかリストアップすると、

(a) *Sister Act*(天使にラブソングを)
ウーピー・ゴールドバーグ主演で、音楽を通して学校を再生させるという学園ドラマ。

(b) *Sister Act II*(天使にラブソングを2)
(a)の続編。合唱コンテストに優勝するまでをコミカルかつ感動的に描いた学園ドラマ。

(c) *Forever Young*(フォーエバー・ヤング)
メル・ギブソン主演で、冷凍人間の実験に志願し、愛する女性と50年後に再会するというラブ・ストーリー。

(d) *Always*(オールウェズ)
リチャード・ドレフィス主演、森林火災を消火するパイロットだった彼が死後もゴーストとなって恋人を守るという映画。晩年のオードリー・ヘップバーンが出演している。

(e) *The Fugitive*(逃亡者)
ハリソン・フォード主演。無実の罪を着せられ追われる彼と、捕まえようとするトミー・リー・ジョーンズ演じるジェラード警部の対決が圧巻。アイルランド系の「聖パトリック祭」のシーンも興味深い。

(f) *E.T.*
地球外生物であるE.T.と少年の心温まるストーリー。スピルバーグ監督の出世作。

(g) *The Sound of Music*(サウンド・オブ・ミュージック)
ジュリー・アンドリュース扮するマリアが、トラップ大佐と結婚。7人の子どもたちと共にナチスの手を逃れ、アメリカに脱出するまでを描くミュージカル映画。

現在は、ビデオだけでなく DVD が普及してきている。これだと日本語と英語の字幕が簡単に切り替えられる。音声も日本語と英語の2ヵ国語で入っているものも多い。頭出しや、場面を簡単に指定できる。今後もっと活用できるだろう。英語科の予算で買えるようにしたい。

最後に、授業で使う映画(ビデオ)を選ぶ際に、私は次のような方針を立てている。

(1) 標準的な英語であること。ののしり言葉が多いのはふさわしくない。

(2) 内容的に「愛」「友情」「平和」「人権」「環境・自然」など若者の心に響くものを選ぶ。

(3) 映画のどこを切り取り教材化し、見せるかを準備段階でよく考える。

〈教材用資料〉
曽根田憲三(1995)『遙かなる大地へ』スクリーンプレイ出版

第 3 部　指導法編

7. 言葉の持つ力とうるおい

対象	中学〜高校
活動の目標	平易な英詩、ハイク、マザーグースを教材に使い、鑑賞から創作の手だてを示し、詩的自己表現の醍醐味を体験させる

7.1　ポエムの指導法

(1)　言葉と心を育むポエジー

　洋の東西を問わず、詩は心の躍動を短い韻文で作ったもの。リズムがあり、イメージが浮かびやすい。同じような文型が繰り返されていたりして、文法の例文にもなる。というわけで英語の授業でもぜひ扱いたい教材である。(すでに第 2 部セクション 5 で中嶋が中学校での実践を紹介している)

　この稿では、高校での授業として、まず平易な英詩の鑑賞から英詩創作への道筋を紹介する。次に、日本の伝統的文芸である俳句を英文で作るコツ、また、英米の伝承童謡であるマザーグースの学習とパロディ創作をまとめる。英語学習ではとかく忘れられがちであるが、こういった「詩的自己表現」は、若者の豊かな感性を育み、同時に世界の若者と交流する絶好の手段としても活用できる。

(2)　「ポエム」の鑑賞から創作まで

　新任から 8 年間を工業高校に勤務した。そこでは、なぜ子供たちに英語を教えるか、どうしたら英語を通して生徒が人生をより豊かに生きていくことができるかを模索しながら教えていた。そんな時に出会ったのが英詩である。

　まずは、論より証拠、1 人の男子生徒が作った英詩を読んでいただきたい。

There Is a Girl, But...

By Y. O.

When it is rainy,
I see a girl
In the dark shadow of a tree.
She is crying
I want to console her
But . . . I am timid and coward.

When it is shiny,
I see a girl
In the blue sky.
She is laughing
I want to play with her
But . . . I am timid and coward

Always I see a girl
But . . . I have nothing to do!

男子高校生のはにかみと恥じらいを込めた素直な気持ちが、表現されているのではないだろうか。もう1つ、次は商業高校で女子生徒が作った作品である。

Tragedy

By M. K.

What makes you so melancholic?
What makes you so lonely?
What makes you so painful?

When you are in despair,
My heart becomes cloudy, too.
But . . . I can't do anything for you.
I am more painful than you.

The only thing I can do is

Just to be with you.

　女子生徒の優しさともどかしさが率直に描かれているのではないだろうか。青春まっただ中にいる高校生たちの光と陰が、詩的自己表現活動で浮き彫りにされる。若者の喜怒哀楽を英語の授業で共有し共感できるのは、かけがえのない宝だ。

(3)　英詩を取り入れる意味

　英詩というと難解なものというイメージがあるが、英米には子供たちに親しまれている詩がいっぱいある。生徒たちもそんな英詩の世界に目を輝かせ、自分たちも喜んで英語の詩を作るようになっていった。英詩の鑑賞と創作を授業で扱うのは、どんな意義があるのか、次の5つにまとめられると思う。

① 　短かくて、イメージが広がり、想像力・創造力を育む。
② 　リズムがあり、同じ文型の繰り返しも多く、暗誦し記憶しやすい。
③ 　短いので、授業で時間の余ったときなどに投げ入れで実践できる。
④ 　鑑賞をもとに、自己表現を詩の形で促しやすい。
⑤ 　作品を通して、生徒同士がお互いの心の内面を知ることができる。

(4)　英詩の鑑賞

　まずは、インプットが大切。平易で実感のこもった英詩を選んで学習したい。英語の教科通信に毎回1編の詩を載せるのも一方法だろう。いくつか適した英詩を『新しい英文教材集』（黒川泰男、1969）より紹介する。

　(a)　SPRING
　　　　　　　(Anonymous)
　Spring is coming,
　Spring is coming,
　　I know it,
　　I know it,
　　I know it,
　Light again,

    Leaf again,
    Life again,
    Love again.

現在進行形の学習にもなる。春の季節にぴったり。この詩の形をまねて、生徒たちが自分自身の季節の詩を作る活動につなげることができる。

(b)　WE HAVE LIVED AND LOVED TOGETHER
                                    by C. Jefferys

    We have lived and loved together
        Through many changing years;
    We have shared each other's gladness,
        And wept each other's tears.

現在完了形の学習用。友情がテーマになっており、自己表現の誘い水になる。

(c)　BRIDGES
                    by Edith Segal

    If I were a builder,
        I'd make big bridges,
    Bridges to far away lands:
        To Asia, Africa, South America,
    Bridges to Europe, Iceland, Iraq.

    I'd walk round the world
        To visit the people,
    And when we shook hands,
        We'd make little bridges.

仮定法の学習にも最適。橋を世界の大陸に架けて人々が握手をできるようにと、国際連帯の気持ちが表現されている。

(d)　SOMEONE
            by Susan Polis Schutz

    Someone

第 3 部　指導法編

>   to talk with
>   to dance with
>   to sing with
>   to eat with
>   to laugh with
>   to cry with
>   to think with
>   to understand
>   Someone
>   to be my friend

作者は、アメリカでポピュラーな女流詩人。心を分かち合える友だちがテーマ。不定詩の学習にも利用できる。

(5) 詩的自己表現へ

Kenneth Koch 氏は、アメリカの小学校で、英詩の創作を指導した結果を *"Wishes, Lies, And Dreams — Teaching Children to Write Poetry"* (Vintage Books) に著している。その中で、詩的自己表現を実践する大切さを次のように訴えている。

> Children have a natural talent for writing poetry and anyone who teaches them should know that. Teaching really is not the right word for what takes place: it is more like permitting the children to discover something they already have. I helped them to do this by removing obstacles such as the need to rhyme, and by encouraging them in various ways to get tuned in to their own strong feelings, to their spontaneity, their sensitivity, and their carefree inventiveness. (p. 25)

氏の言うように子供たちは、詩心を天賦の才能として持っており、教師はそれを引き出す役割を果たすのだ。彼は、詩を創作させるテーマとして、Wishes, Comparisons, Noises, Dreams, Metaphors, Lies, Colors などをあげている。I wish... という形で書かせるとか、好きな色を選ばせて、Pink makes me happy. などと気持ちを表現させるなど、具体的なアドバ

イスを与えている。

その中から1つだけ、color poem を紹介する。

Red

by Marion Mackles

Red is the sun setting at night.
Red is the color of love.
Red is the color of a cherry.
Red is the color of an apple.
Red is the color of a kind person.
Red is the color of sweetness.
Red is the sun rising.

（6） 英詩創作の手順

英詩のインプットのあとは、それを誘い水としてアウトプットを促すことが肝心である。これは教師も生徒もともに醍醐味を感じる場面だ。自己の内面世界、感情や感覚を、英詩という形で自己表現させることは生徒に心の扉を開けて、お互いが心を通いあわせる絶好のチャンスと言える。

「英詩創作の手引き」として、次の3点をプリントに指示している。

（a） 英詩のテーマを決める

自然、社会、友達、学校生活、季節感、色彩のイメージ、青春、愛、未来への夢など、自分の心の中に秘めていることを素直に表出すること。

（b） 英詩らしくなる工夫をする

日本語を英語に直訳しようとするのではなく、なるべく自分の知っている英語の文構造で書いてみる。同じ構文を繰り返し使うと、リズミカルで詩らしくなる。

（c） 詩集を2種類作る

生徒の詩は2種類の詩集としてまとめたい。1つは生徒の作品を輪転機で印刷して綴じ、1冊の詩集にする。鮮明な印刷にするために、原稿用紙にはなるべく濃い鉛筆、またはボールペンで書かせる。また、詩のイメージにあったカットも忘れずにつけさせる。もう1つは、クレヨン、絵の具など

第3部　指導法編

ENGLISH POEMS

目　次

3—H　ENGLISH　POEMS

I Like the Sea	by Hitomi Asaoka
With My Sweatheart	by Yuko Asakura
No Theme	by Junko Ikeda
Spring	by Megumi Izawa
I Like Autumn	by Mikako Ishihara
One-Sided Love	by Keiko Ito
Tomodachi no Wa	by Kazue Imura
A Rainy Day	by Kazumi Ueda
Sea Is Wide and Big	by Midori Ohyama
My Dream	by Noriko Ogata
Dancing	by Satomi Onouchi
My Cat	by Tomoko Kawasumi
Winter's Tree	by Nami Kobayashi
The Best	by Hiromi Kondo
Lost Love	by Emi Sasaki
Jealousy!	by Miyuki Sato
Winter	by Takako Shibata

▲あるクラスの詩集の表紙。　▶目次の一部。

I WANT....

I want a dress.
I want a car.
I want a big house.
More than them,
　I want shining eyes like stars.
　I want wide heart like a sky.
　I want open-mind like a sea.
But......
　I want love most of all!

ほしいもの……

私は服がほしい。
私は車がほしい。
私は大きい家がほしい。
それよりもっと
　私は星のように輝いている瞳がほしい。
　私は空のような広い心がほしい。
　私は海のようなおおらかさがほしい。
しかし……
　私は愛がいちばんほしい!

7. 言葉の持つ力とうるおい

を使い画用紙に英詩を書いてカラフルな英詩集にし、展示する。

　英詩創作にとりかかる授業では、まず上のような指示をして、教室には和英辞典を5、6冊用意する。まず、下書き原稿を各自提出させる。教師はその場で生徒と一緒に相談しながら添削をする。こうやって1人1人に接すると、新しい発見があり、人間関係も深まる。一石二鳥だ。OKの出た生徒にはファックス用の原稿用紙を渡し、清書させる。
　全員の原稿が揃ったところで、目次を教師がタイプして、イラストの得意な生徒に表紙を作らせる。それを印刷して生徒に配り、ホチキスで綴じれば16ページほどの英文詩集が完成する。また、原稿ができた生徒から画用紙の作品にかかるように指示する。テレビ・マンガ世代の高校生たちは、絵を描くのが上手である。普段集中力のない子が、この活動の間は一言も無駄話をせず、真剣に机に向かっていたりして驚かされる。
　参考までにあるクラスの詩集の表紙、目次の一部、それに画用紙版の生徒作品を載せる。（前ページ参照）

（7）　英詩指導のまとめ

　できた詩集をもとにぜひ授業で発表朗読会を開きたい。作者に朗読してもらう。最初は照れるのか、「やめようよ」という声も出るが、発表が始まると教室内にどよめきが起こったり、クラス中が爆笑に包まれたり、また朗読者に賞賛が送られたりして、楽しい時間になる。
　日本語では気恥ずかしいようなことでも、英語でならば気やすく言える安心感のようなものがある。外国語だからかえって思いっきり自己表現できるのかも知れない。ここにこそ英詩創作の存在価値がある。生徒のセルフ・アクセプタンス（自己受容）を高めることにもなるだろう。
　ともあれ、完成した作品をそのクラスだけに眠らせてしまうのではもったいない。文化祭などで画用紙の英詩作品を展示したい。海外の学校に送り、異文化交流の材料にもできる。インターネットのホームページに載せて、世界各国の学校と交流するのも夢ではないだろう。

第3部　指導法編

7.2　英語ハイクの指導法

（1）英語ハイクでハイキング

生徒たちは多かれ少なかれ日本語の俳句に馴染んでいる。季語を入れ、5・7・5の定型で俳句を詠むことは知っているだろう。現在俳句の国際化が進み、世界各国で作られ今や人類共通の短詩ジャンルとなっている。若者はロマンティシズムにあふれ、天性の詩人でもある。ぜひその感性を英文ハイクという表現形式により表出させたい。海外の若者との交流も、ハイクを通して行えば有益だろう。

（2）ハイク創作の手順

こんな指示を英語通信に載せる。

Let's Write *Haiku* in English!

　今や俳句は日本語だけでなく、英語、フランス語、イタリア語、ドイツ語、中国語と、世界中のいろいろな言葉で作られています。俳句の国際化が急速に進み、異文化理解に一役買っています。君も1つ英語でハイクを作ってみませんか？

　次は芭蕉の有名な俳句の英訳です。

　　古池や蛙飛びこむ水の音
　　An old silent pond ...
　　A frog jumps into the pond,
　　Splash! Silence again
　　（translated by Harry Behn）

次は子供が作った俳句とその英訳です。

　　シャボン玉私の顔も飛んでいく
　　Soap bubbles!
　　My face, too,
　　Is flying
　　（小4鈴木和代『俳句の国の天使たち』より）

どうですか。むずかしく考えないでちょっとした発見、感動をカメラの

ように瞬間的にとらえて自分の知っている英語で表現するのです。

〈英語ハイク創作のルール〉
① 3行の分かち書きにする
② 季節を感じさせる言葉を入れる
③ 説明にならないで「今」を写生する
④ 平易な英語で短く表現する

　特に英語の音節を 5–7–7 にそろえる必要はありません。君も英語ハイクの「芭蕉」になってみよう。

　実際には、もっと創作しやすくするために、「季語」を指定すると良い。日本語で「兼題」といっている方法だ。たとえば、4月なら spring dream（春の夢）、cherry blossoms（桜）といった言葉をどこかに入れるように指示する。
　ALT との Team-Teaching でこのハイク創作活動を行うと効果的だ。こんな導入が可能だろう。

JTL:　Today why don't we try writing *haiku* in English?
ALT:　It's the shortest form of poetry in the world. These days *haiku* has become very popular all over the world.
JTL:　First, we'll show you one example, so you can see how interesting *haiku* is.
ALT:　Now please listen. The ancient pond / A frog leaps in / The sound of water
JTL:　This *haiku* was originally written by Basho. I'm sure you know the original.
ALT:　So you should pretend you're an English Basho.

　こうしておいて、各自に詩作の時間を与える。その間、日本人教師が机間巡視して生徒の質問に答える。ALT が英語らしくなるように添削を担当するといい。時間がなければ、下書きを課題にして提出させ、次の時間に添削後返却する。

第3部　指導法編

(3)　俳句王(ハイキング)を選ぶ

　生徒のハイク作品は、英詩創作の時と同じように印刷用の用紙と、画用紙に清書するようにさせたい。イメージにあったイラストも描かせたい。「英文俳スクール句集」にまとめ印刷をする。授業で1つずつ鑑賞しながら、句会の要領で、その中から優秀作品を選ぶ。俳句王(私は「ハイキング」と呼んでいる)を英語通信に発表する。以前行ったときの生徒優秀作品を2句紹介する。日本語訳は私がつけた。

> A puddle —
> I have a good look at it
> To see a winter sky
> (水たまり覗けば冬の空映り)

> Cold winter morning,
> A weasel runs across my bicycle;
> The country road in my town
> (冬深しイタチが駆ける田舎道)

　せっかく英語でハイクを作ったのだから、これを海外の学校にもEメールで送り、グローバルな交流を図るとおもしろいだろう。すでにインターネット上には、ホームページに生徒の英語ハイクを載せ、交流を図っている実践もある。福岡県の公立高校に勤める白水堅慈先生(URLは http://www.shiramizu.org/~kenji/)が海外との俳句交流プロジェクトを推進している。

7.3　マザーグースの学習からパロディ創作

(1)　マザーグースをなぜ扱うか

　マザーグースというのは、一言でいえば英語圏の「伝承童謡」の総称である。主にアメリカにおいては、この呼称で親しまれている。イギリスでは一般には、nursery rhyme(子供部屋の押韻詩)と呼ばれている。ともあれ、英米の文化理解に不可欠なものの1つが、このMother Gooseである。

7. 言葉の持つ力とうるおい

　私の書斎には、1000冊を越えるマザーグース絵本が書棚に並んでいる。カセットテープ、ビデオも数十本が手元にある。それだけ多くの絵本などが英米諸国で出版されていること自体が、マザーグースの人気を物語っている。

　日本のわらべ唄と決定的に違うのは、マザーグースの場合は子供の世界だけでなく大人の世界にも顔を出し、新聞や雑誌の見出し、マンガ、ポップスの一節、推理小説などに何気なく引用されている点である。その引用例の豊富さは、驚かされるほどである。

　1つだけ例(鳥山淳子さんに教えていただいた)を示すと、2001年5月14日NHKのBS11で放送された『ER VI 緊急救命室』の第7話が「栄光よ、さらば」で、この原題が"Humpty Dumpty"となっていた。そして、交通事故で瀕死の重傷を負った犯人を前にして、ERの医師2人がこんな会話を交わしていた。

> DR:　All the radiologists and all the surgeons might not put Humpty back together again.
> ELIZABETH:　Step out, please. We are about to take X-rays.
> (医者:　すべてのレントゲン技師とすべての外科医がよっても、このハンプティを元に戻すことはできないだろう。
> 　エリザベス:　出てください。レントゲンを撮るところですから)

　原題に使われ、またセリフの中に出てきた"Humpty Dumpty"というのは、マザーグースの中でももっとも親しまれているキャラクターの1人である。元唄は、

> Humpty Dumpty sat on a wall,
> Humpty Dumpty had a great fall.
> All the king's horses,
> And all the king's men,
> Couldn't put Humpty together again.
> ハンプティ・ダンプティ　塀の上に座ってた
> ハンプティ・ダンプティ　落っこちた
> 王さまのお馬と

第3部　指導法編

　　王さまのけらい　みんなよっても
　　ハンプティ・ダンプティ　もとにもどせなかった

　この「ハンプティ・ダンプティ」の唄は、もとはなぞなぞであった。その答は「卵」。『鏡の国のアリス』に登場してよく知られるようになった。ハンプティ・ダンプティのイメージは「非常に危なっかしい状態」「もとに戻せない状態」「丸まるとした人や頭」などで、このテレビ番組では、犯人が瀕死の状態で打つ手はないことを表している。

　英語圏で生まれ育った人間にはごく当たり前の常識が、外国語として学ぶ我々には盲点になることがある。マザーグースはその典型といってもいいだろう。このあたりの事情も含め、マザーグースの入門書としては、平野敬一著『マザー・グースの唄』(中公新書)が適している。

（2）　授業の手順

　さて、私がマザーグースに興味を抱き、授業で扱うようになったきっかけは、教科書に出てきたものをもう少し自分なりに補充してみようとしたのが始まりだった。マザーグースの絵本で当該の rhyme を見せ、付属の朗読テープを聞かせたら生徒たちの反応がいつにも増してよかった。それじゃあというので、自分なりに教材化することにし、1000 以上もあると言われているマザーグースの唄の中から、代表的な唄を 12 編取り上げた。

Pussy Cat, Pussy Cat

　英米の子供たちは、ここに出てくるネコやネズミを通じて、女王に親しみを感じます。

Pussy cat, pussy cat, where have you been?
I've been to London to look at the queen.
Pussy cat, pussy cat, what did you there?
I frightened a little mouse under her chair.

子ネコちゃん、子ネコちゃん、どこ行ってたの？
ロンドンまで女王さまを見に。

7. 言葉の持つ力とうるおい

子ネコちゃん、子ネコちゃん、何をそこでしたの？
女王さまの椅子の下にいた子ネズミをおどしたよ。

［解説］ 子供たちに人気のあるマザーグースの1つ。伝承では、この女王さまは、エリザベス1世（在位 1558–1603）と言われている。実際にこんな事件があったと伝えられているが、具体的なことはわからない。ビクトリア女王も、この唄を好んだと伝えられている。文献初出は 1805 年。
［表現］　pussy cat 幼児語で子猫　　frighten 驚かせる
been と queen, there と chair が、韻 (rhyme) を踏んでいる。

授業では、上のような内容を載せたプリントを配布する。手順としては、
① マザーグースの当該の唄をテープで流す
② rhyme の意味と、歌われた背景を解説する
③ 違ったメロディで録音されたテープを聞かせる
④ 当該の rhyme の載った絵本を数種類持ち込み見せる
学習を深めるためには、テープや絵本などの視聴覚教材を教室に持ち込

Humpty Dumpty

Humpty Dumpty sat on a wall,
Humpty Dumpty had a great fall;
All the King's horses and all the King's men
Couldn't put Humpty together again.

ハンプティ・ダンプティ　へいにすわってた
ハンプティ・ダンプティ　すてんころりんおっこちた
王さまのウマと王さまのけらいが　いくらがんばっても
ハンプティ・ダンプティ　もとにもどらない

173

むとよい。最近では、優れたビデオも発売になっている。絵本では、Raymond Briggs、Kate Greenaway、Arthur Rackham などのものが、比較的入手しやすい。

さらに時間の余裕があれば、
⑤　一緒に歌ったり、ゲームをする
⑥　唄を暗唱させ、詩句を暗写させる
⑦　唄のパロディを英語で創作させる
⑧　日本語の創造訳を作らせる
⑨　画用紙に、当該のマザーグースの英語とその創造訳とイラストを描かせる(前ページ参照)

などを試みたい。

私自身がこの実践をしてみて、生徒の発想の奇抜さ、豊かさに驚いた経験がある。そんな中で、"Pussy Cat, Pussy Cat" をもとに生徒が創作したパロディ作品を1つ紹介する。

URASHIMA-SAN, URASHIMA-SAN
　　　　　　　　　　　　By K. S.

Urashima-san, Urashima-san,
　Where have you been?
I've been to Ryugu Castle.
　To look at Princess Otohime.
Urashima-san, Urashima-san,
　What did you there?
I ate a lot of foods and saw a dance.

イギリスの伝承童謡を日本の昔話である「浦島太郎」にすっかり置き換えて、文型も元唄をうまく使っている。見事と言うほかない。

マザーグースは授業で多面的に扱うことができる。文法の例文用でもいいし、rhyming を生かした音読練習でもいいし、パロディを作る英作文の練習でもよい。マザーグースを利用して、listening, speaking, reading, writing などの言語活動が、総合的にできるのが大きなメリットである。と

7. 言葉の持つ力とうるおい

同時に、マザーグースを通して、英語の発想、ひいては英語の文化を肌で吸収できる利点もあり、まさに生きた教材と言えよう。

(3) 生徒の感想

　生徒は、最初馴染みのない教材に戸惑うものだが、やがてそのおもしろさと有意義さをわかってゆく。
　マザーグースの学習を終えた生徒の感想を3つ紹介したい。

- はじめは「つまらんなあ」と思っていたけど、学習してゆくうちに「けっこうおもしろいじゃん」と思うようになってきた。イラストを描くのもおもしろかった。パロディを作るのが一番おもしろかった。完璧に自分の世界に入り込んでしまいました。　　　　　　　　　　　　　　　　　(R. I.)
- 12のマザーグースの中で私が好きなのは、「メリーさんの羊」と「猫とバイオリン」です。歌詞もいいし、リズムがとてもいいと思う。マザーグースの唄にはけっこう恐ろしいことを楽しく歌っているのがあるので驚きました。特に、Hush-a-bye, Baby のイラストですやすや眠っている赤ちゃんがもうすぐ木から落ちるのかー！　と思い、かわいそうになりました。　(N. C.)
- はじめはなんだか面倒くさそうだし、よくわからないことをさせられそうでイヤだったけれど、いざ勉強し終わってみると、すごく役に立ったような気がします。テープの中の歌を聞いていると、心が和んで優しい気分になります。みんなも部活動中に時々口ずさんでいます。私が大人になって子供を産んだら、ぜひ歌ってあげたいと思っています。　　　　　　　　(M. A.)

(4) マザーグース入門のセット

　マザーグースを学ぶための入門用の資料を紹介しておく。
(1)　マザーグースの絵本
　The Mother Goose Treasury, by Raymond Briggs, 洋版
(2)　マザーグースのCDと本
　『ふしぎのくにのマザーグース』（全2冊）谷川俊太郎訳、サンリオ
(3)　マザーグースのビデオ
　"Richard Scarry's Best Sing-Along Mother Goose Video Ever!" Random House

(4) 参考書
　『英語で読もう Mother Goose』平野敬一著、筑摩書房
　『マザー・グース 1〜4』講談社文庫、谷川俊太郎訳、和田誠絵、平野敬一監修

まとめ

　英詩を活用して自己表現の誘い水にする。マザーグースを通して英語の文化を吸収する。ハイクを通して日本の風土を英語で海外に伝える。こうしたツー・ウェイの異文化交流を可能にする。受験のためだけでない文字通り「楽習」の醍醐味が味わえる。英語のエトス(本質)とパトス(心)とロゴス(論理)を体感し、学ぶ楽しさを教師と生徒が共有できる教材だと言えよう。

8. 問題対処力を育てるアクティビティ

対象	中学3年～高校・大学
活動の目標	トラブルや不測の事態に対処できる英語力の育成

8.1 生徒を人生相談の回答者に

　生徒は日頃、周囲から知識を注入され指図される生活をおくっている。こういうことに慣れきってしまった生徒は、えてして教材や授業に対して受身的で反応が鈍い。そこで立場を逆転して、生徒を人生相談の回答者や解決策のシナリオライターにして、活性化させるアクティビティである。

　人が自分の悩みを語るには勇気がいるが、他人の悩みに忠告を与えるのは大好きである。相談されると「よしきた」とばかりに張り切って、人間が活気づいてしまう。これが集団となると、1人の悩みがみんなを生き生きとさせ、それまで沈滞していた会話がにわかに活気づくことがある。こうした告白の効果たるや、雄弁家をはるかにしのぐものがある。要するに人は他人の悩みごとや問題を話題にすることが好きなのだ。こうした傾向を利用して生徒の思考を活性化させ、あわせて人生もろもろの問題への対処力そのものを鍛えることができる。

8.2 方略能力（strategic competence）を養う

　英語で、人生の問題に解決を提案するアクティビティの大きな利点は、知・情・意を含む総合的な問題対処というコンテクストの中で、英語表現上の方略能力を養うことにある。つまり、生徒はまず問題解決というホリスティックな目的を持ち、その目的が英語表現というニーズを生み、さらに目的実現のために表現の効果を工夫するニーズが生まれる。ただ単に「この表現を覚えておけ」というだけの指導とはインパクトがちがう。

第 3 部　指導法編

8.3　人生相談の教材実例

例えば内気な男子高校生の片想いの悩み相談に答える設定で 1 レッスンを作ってみよう。以下に示すのが、このための自作教材である。

指導案の例

I.　指導クラス: 高校 1 年生
II.　本時の目標:
　(1)　恋愛という話題で、英語で自己を表現し、他と意見を交換しあう。
　(2)　悩みを相談する手紙の書式に親しむ。
　(3)　未完のストーリーを自分のアイディアで完結させる作業を通じて、問題解決策を英語で提案する力を養う。特に、あまり親しくない人といい関係を築いてゆくための言語的やりとりを工夫する。
III.　所要時間:
　プリント教材(pp. 180–181 参照)のアクティビティ I〜IV で 1 時間、宿題としてシナリオの作成を課し、次次回に名作を印刷・配布して鑑賞に 20 分。
IV.　指導手順:
　0.　導入
　教師が黒板に登場人物の線画を書きながら、本時の話題と中心的語彙を生徒との対話形式で導入する。

> Teacher:　（黒板に "one-sided love" と書いて）Do you know what it means?
> Students:　No, I don't.
> T:　You know what "love" means, don't you?
> S:　Yes.
> T:　You love someone, but the person doesn't love you. That is one-sided love. Have you ever had a one-sided love? How about you, Kenji?
> Kenji:　No, I haven't. How about you, Mr. Miura?
> T:　Yes, several times.
> （以下略）

8. 問題対処力を育てるアクティビティ

1. 内容理解

「I. Ken's Letter」を用いて、Ken の手紙の内容理解活動を行う。しばらく黙読の時間を取り、その後プリントの「II. Comprehension」に各自で解答させ、答え合わせをする。

2. 発音と本文音読練習

3. ペア・インタビュー

ここでは、生徒同士で過去の恋愛体験の話題で会話する。プリントの「III. Pair Interview」を用いて、生徒同士でペアを作って互いに質問しあう。

4. Opinion Polls

ここでは、「魅力的な男性の条件」「魅力的な女性の条件」という話題で、まず1人1人に自分の答を記入させる。次に "Who think she is good-looking?" と挙手させてクラスの集計を板書しながら、生徒が自他の答を比較する機会をつくる。ちなみに筆者の実践では、男女の回答にはかなりのズレがあっておもしろい。

男子から見た魅力的な男性像 = (a) long legs and cool looks, (e) strong
女子から見た魅力的な男性像 = (c) intelligent, (g) pleasant to talk with

また、ユニークな答えをした生徒に、発言の機会を与えてもよい。

5. Story Completion

これが問題解決のメイン部分となる。今回は生徒が問題解決のシナリオを書く方式を取った(Ken の手紙にアドバイスを書く方式もある)。

先ほどの相談者、Ken がいよいよ決心して、片想いの相手にはじめて声をかける場面を、シナリオに創作する。日本語混じりの英文でよいことにして、次回に全員に提出させ、優秀作を教師が手を加えて完成し、クラスに配布して鑑賞する。あるいは、グループワークとしてもよい。なお、紹介したのは、前年度の生徒、星野君の優秀作である (p. 182 参照)。彼のシナリオには見事な告白方法が描かれているばかりか、最後にオチまでつけられている。まことに、生徒は問題解決の天才である。教師はえてして自分の方が学識が高いと思い込んで一方的注入に凝り固まり、生徒から学ぶ

第3部　指導法編

Ken's Love
---Please Give Him Your Kind Advice---
I. Ken's Letter

Dear Sir/ Madam,
　　Hello. I am a high school student. I am in the twelfth grade. I have been unhappy recently. I cannot sleep well. I cannot study at all. I often day-dream in class. So I have got poor marks in the exam.
　　All is because of my one-sided love. Every morning, when I take my train at Nagano Station, I find her on it. She is so pretty and attractive. Her smile is so sweet! She is like an angel.

　　My problem is that I am extremely shy. I have rarely spoken to girls. When I try to speak to girls, my tongue stammers and my face turns red. Every morning I stand away from her, with my heart beating fast. I have spent almost one year in this way. She never knows how I love her.
　　I want to speak to her. I want to ask her to be friends with me. But I don't know how to start a conversation. In a few months I am finishing high school, so I am growing impatient. I must do something. Please give me your kind advice.

　　　　　　　　　　　　　　　　　　　　　Sincerely Yours,
　　　　　　　　　　　　　　　　　　　　　Impatient Ken

8. 問題対処力を育てるアクティビティ

II. Comprehension

1. Who wrote this letter?
2. Is he outspoken or shy?
3. Where does he see the girl?
4. How does she look like?
5. Does the girl know him?
6. Why doesn't he speak to her?
7. Why has he got poor marks?
8. What does Ken want to do now?

III. Pair Interview: (お互いに質問しよう。)

1. Can you speak to girls/ boys frankly?
2. Have you ever had a date?
3. Do you ever meet an attractive girl/ boy on your way to school? If so, how does she/he look like?
4. Have you ever had a one-sided love?

IV. Opinion Polls (君の意見を聞かせて。)

Question A: Who is an attractive woman? Choose two most important items for you.

   a. She is good-looking.
   b. She is warm-hearted.
   c. She is intelligent.
   d. She is obedient.
   e. She is cheerful.
   f. She is a good cook.
   g. She is pleasant to talk with.
   h. (your original answer)

Question B: Who is an attractive man? Choose two most important items.

   a. He has long legs and cool looks.
   b. He is warm-hearted.
   c. He is intelligent.
   d. He is athletic.
   e. He is strong.
   f. He is intelligent.
   g. He is pleasant to talk with.
   h. (your original answer)

V. Story Completion (これからどうなるかな？)

Ken has finally decided to speak to her. Make your original scenario of the scene.

> 〈星野君の作品例〉
>
> *Ken had a close look at her school uniform. His friends helped him identify her school. The next morning he spoke to her:*
>
> Ken: E-excuse me. Do you go to Yurinohana High School?
> Girl: Why, oh, yes.
> Ken: A-ha! I thought I'd seen your uniform somewhere before.
>
> *So their conversation went on. She got more and more interested in talking with him. Ken tried to make her relax with good jokes. Finally, he said,*
>
> Ken: Oh, you haven't told me your name. Could I have...?
> Girl: Sure. My name is Kyoko.
>
> *For the next few days he enjoyed talking with her on the train. He then asked her phone number. In a care-free manner he said,*
>
> Ken: Do you... have a... boy friend?
> Kyoko: Yes.
>
> *Love is over for poor Ken. It will be several months before he can forget her.*

ことなど忘れてしまう(筆者はそれを砂漠化授業と呼んでいる)。ところがこのような問題解決授業では、生徒の偉大さにはっとすることがある。まさに教室は隠れた宝の山である(筆者はこれを井戸掘り授業と呼ぶ)。

8.4 教材入手の方法

このような教材はどこで入手したらよいだろうか。最も手早いのは、自分で作成することである。あなたの学校の、あなたのクラスの生徒の関心事・問題意識や英語運用力レベルを知っている、あなたこそ教材作成の最適任者である。作成上の留意点を下記に記す。

(1) 授業の中心はあくまでも問題解決策のディスカッションであるから、ストーリーの読解にはあまり時間をかけてはいけない。そのためには ① ストーリーを 100〜150 語に留める、② 文構造はできるだけシンプルに、③ 未習得語は平均 10 語中 1 語以内とする。

(2)　時には深刻な問題(例えばいじめ問題)を扱うのもよいが、基本的なトーンは明るいものとすること。
(3)　教材でも授業運営でも、教師は意見に関して中立を保つこと。特定の見解を生徒に押しつけてはいけない。たとえ教師の気に入らない意見を表明する生徒があっても、教師は中立的立場でそれを尊重すること。

なお、アメリカの本物の人生相談が下記のホームページで見られる。どちらもティーンエイジャー向けのまじめで健全な人生相談コーナーである。多くのティーンエイジャーからのさまざまな悩み相談が掲載されており、同年齢の日本の中高生にとって親しみやすい。

　　Help Me Harlan!（http://www.helpharlan.com/）
　　Askdeb（http://www.askdeb.com/）

これらの相談を教材化して用いてもよい。また、相談への助言者であるHarlanやDaveのアドバイスが載っているので、授業で生徒たちが自分なりのアドバイスを出した後で配布して比較対照させてもよい。

9. 自己防衛の英語力養成

対象	中学1年〜高校・大学
活動の目標	自分の意向や都合を主張し、不利益や犯罪から自分を守る英語力の育成

　これからの英語教育が、「友好を築く英語力」養成と同時に、「自己の立場を主張し自己を防衛する英語力」を養成することの必要性については、理念編1.3ですでに述べた。ここではまず日本人の海外犯罪被害の事例を検討し、日本人のコミュニケーション・スタイルの持ちうる危険性を指摘し、最後に対策たる指導法を検討する。

9.1　海外犯罪被害の事例

〈事例1〉　日本人女性4人グループ、イタリアで次々とレイプされる。現地で知り合った男性に「スパゲティをごちそうする」と誘われてアパートを訪ねたあげく。

〈事例2〉　日本人女子大学院生、台湾で絞殺される。たまたま乗ったタクシーの運転手の「自宅に泊めてあげる」の誘いに乗って暴行されたあげく。

〈事例3〉　日本人女子高校生、長期留学先のアメリカでクラスメートの少年に殺される。少年は彼女が「今日日本の親から生活費の送金があった」とクラスで話しているのを聞き犯行を思い立った。電話で彼女を人気のない場所に呼び出して殺害し、金品を奪った。

〈事例4〉　日本人女性、オーストラリアにダイビング留学し、数日後に行方不明。約1ヵ月後に死体で発見、犯人は地元の少年と判明。「宿まで送ってあげると車に乗せ、人気のないところに連れて行ってレイプしようとしたら抵抗されたので絞殺した」と供述。

　これらの例に共通するのは、① 被害者が現地の言葉に堪能だったこと、② 常識的に見れば見え透いている危険に自らおもむいたこと、である。な

ぜ彼らは危険に気づかなかったのか、あるいは気づいたとしてなぜ回避できなかったのだろうか。筆者はそこに、友好一辺倒の日本の外国語コミュニケーション教育の影響があると考える。

9.2 友好一辺倒の外国語コミュニケーションのワナ

もともと日本人は、「相手の意向を汲み取り、相手に不快感を与えない」という原則、すなわち相手の都合優先のコミュニケーション原理で行動している。なるほどこれは、相手が善人の場合にはいい結果をもたらす。

だが、相手がこちらを陥れようとしている場合にはどうだろう。それでもこちらが「相手の意向を汲み取り、相手に不快感を与えない」原理で行動したのでは、まさに自分から被害に歩み込んでゆくことになる。先ほど紹介した犯罪被害の事例でも、ひょっとしたら途中でワナだと気がついたかもしれないのに、ウソを言ってでも回避する方略を持たなかったのではないか。自己防衛の英語力養成の必要な理由がここにある。

人は必要な時には、相手の意向を踏みにじってでも自分を守らなければならない。自分の都合を突き付け、相手の誤りを指摘し、相手に不快感を与えてでも、トラブルに巻き込まれそうな状況を回避するといった、防衛的方略の学習が必要である。これは英語を国際コミュニケーションの道具として教えるなら、英語教育の責務だと思われる。

9.3 教科書から発展させた自己防衛指導

教科書のダイアローグの対話練習の発展段階で、意外な場面を設定した自己防衛シミュレーションを行う。例えばショッピングに関するレッスンの発展段階で、「では受け取った釣銭が間違っていたらどうするか？」と、予想外の問題を投げかけるのである。ここですぐに教師が答を出してはいけない。生徒の今の英語力で、何とかやりきるよう、1人1人に知恵をめぐらして考えさせるのである。宿題として与え、次回にアイディアを交流するとよい。ねらいは何よりも、「自分で自分を守る」観点から英語を見直すことである。以下のような場面で教科書から発展させることができる。

(1) ショッピングで ⇨ 釣銭が間違っている。
(2) レストランで ⇨ 出された料理が注文したのとちがうようだ。
(3) ホテルに到着 ⇨ 何かの手違いで部屋が予約されていない。
(4) アメリカ到着 ⇨ 空港で、出迎えるはずのホストファミリーが見つからない。
(5) ホームステイで ⇨ 弁当に毎日マンゴーが入っているが、実はマンゴーが嫌いである。
(6) ホームステイで ⇨ １人で留守番中に外から電話がかかってきて、まったく聞き取れない。
(7) 街で道を聞いた ⇨ 「車で乗せていってやる」としつこく誘われた。
(8) 現地で知り合いになった ⇨ 住所や滞在先、電話番号など個人情報を聞かれたが、まだ今の時点で教えたくない。

9.4 海外留学・研修の事前指導として

　ここに紹介するのは、筆者が短大生の１ヵ月間ホームステイ留学の事前指導として行った自己主張英語ワークショップに用いた手法である。下記のような conflict の場面を与え、学生にそんな時どう対応したらいいかを話し合わせる。扱った conflict 場面は数年間にわたる引率中の相談事例から成り立っている（ただし No. 2 は NHK ラジオ『とっさの一言英会話』から取った）。

自己主張英語ワークショップ

　楽しいはずの海外研修で被害者にならないために、身を守る英語力を鍛えよう。
　次のような場面であなたはどうしますか？　今自分の持つ常識と英語力を動員して考えてみよう。

1. In the market you buy something worth 25 dollars, including tax, and give the cashier two $20 bills. You receive change of only 5 dollars. What will you do?
2. You are waiting for your plane in an airport lounge. You have several pieces of baggage to keep an eye on. A stranger passes by you, falls and scatters a lot of coins on the floor. The stranger asks you to

help pick them up. What will you do?
3. You have just arrived at the Smith family, where you are going to home stay for three months. You are surprised to find that their son, Ryan, is spoiled. He soon starts punching and kicking his parents, but they just smile and do not do anything about it. Now Ryan has started attacking you in the same way. What will you do?
4-1. You have been taking diving lessons at a marine resort for one week. You have got acquainted with a young man living there. One day the man offers to drive you to your apartment after the lesson. You do not fully trust him, so you want to refuse the invitation. What will you do?
4-2. You have declined the man's invitation, but he insists on your coming. What will you do?
5. In the college cafeteria there is a man who is very eager to talk to you. You don't mind talking with him, but you want to keep a little distance from him until you've known him long enough. One day he asks for your phone number, but you don't want to give it to him right now. What will you do?

　自分の命や権利を守るのは、自己尊重の根本である。自己の安全や権利が侵害されそうな場面を設定して、自己防衛のシミュレーションを行うことによって、真の自己尊重の態度を育ててゆくのも、豊かな英語教育の使命である。

第4部　体験編

一本貫く幹のある授業

第4部　体験編

はじめに

　英語科教育の研究書は通常、普遍化できる客観的知識を抽出して書かれている。本書の第1部から第3部も、それを志向して書かれてきた。しかし本書の第4部ではその流れとはちがって、個別化を志向した授業記録を手記の形で掲載している。掲載にあたっては次のような条件を満たすものを集めた。

1. <u>個への着目</u>：　登場する教師と生徒が単なる教師集団や生徒集団の中の、顔のない一員としてではなく、他と入れ替えのきかないユニークな個人として描かれているもの。
2. <u>長期的影響への関心</u>：　行った授業が、生徒または教師に及ぼした影響について、比較的長いタイムスパンの中で記述したもの。
3. <u>意思・感性・感情への着目</u>：　英語授業を単なる知性の動きだけでなく意思や感性や感情の動きとしてもとらえ、教師や生徒の情意面が授業をどう推進してゆくかに言及したもの。
4. <u>一本貫く幹の存在</u>：　英語教育を通じてどのような人間教育を目指すのかという方針が、授業の根底に貫かれているもの。

　今日まで、英語教育実践報告や実践研究が非常に多く出版されている。それらは、学問的論文として書かれ、普遍的、客観的論述を特徴としている。英語教育に関してこうした学術書が盛んに出版されるのはもちろん好ましいことである。
　ただし、こうした学術書が英語授業の大切な一要素を捨象して書かれていることも、忘れてはならない。すなわち実際の実践において、教師は自分の人生と関連させながら授業を発想し、期待や不安や失意を経由して実践を行い、事後には理性のみならず感性的・感情的にも反省を行っているのだが、こうした要素は普通は論文に含めるべきでないとされている。実際には論文に取り上げられることのないこうした領域が、実践の源泉であり基盤をなしているのだが。

また事後の反省の中で、特に生徒からのフィードバック（批判や激励）は特に大きな意味をもつ。フィードバックは授業の最中や直後のような即時的なものから、数年後に及ぶものもある。後者について言えば、自分が教えた生徒が数年後におくっている生き方までもが、教師にとってのフィードバックとなるのである。このようなフィードバックは、それ以後の実践を考える上で大きな指針となるものである。こうした教師自身や生徒の生き方とからめた実践の記述は、生き・悩む教師にとって非常に参考になるものである。

　近年、「英語コミュニケーション能力養成」の機運の高まりと共に、授業のノウハウを伝授する研究会が盛んに開かれ、多くの研究書も出版されている。その情報量たるや、1人の教師が消化できる量をはるかに越えている。教師はともすればこの大量のノウハウを前にして、どのように自分の授業を構築していったらよいのか、迷いがちである。

　授業のノウハウは、たとえて言えば樹木の葉である。葉は研究会で比較的容易に集められるが、葉だけを何千枚収集しても、それだけでは断片の山にすぎない。葉が機能するためには、一本貫いた幹（理念）が必要である。では幹はどうしたら手に入るか、実はこの幹だけは他人から譲り受けることができない。幹は教師が生徒と英語との関わり合いの中から、自分で育ててゆくしかないのである。

　ここに収録した5編の手記はそうした幹を育てようとする教師と生徒の軌跡である。ここではそれぞれの教師と生徒が名前を持った個人として描かれている。その理由は、1人の生徒を大切にし、ていねいに関わることを通じて、見えてくる普遍があるからである。またここに収録した授業は、教師が個人として自分の授業を「生き」、授業に大きな個人的意味を見出していたからこそ、可能だったのである。他の誰かとすげ替えても、支障なくやってゆける機械のような授業で、人はこれほど燃えることはできまい。

　教師が良い授業をするためには、他人から学ぶ部分と同時に、ひたすら自分であろうとする部分が必要である。生徒も、自分が伸びるためには、他人から学ぶことを大切にしながらも、自分であることが必要である。一本貫いた幹は、そうした普遍と固有の有機的結合から伸びてゆくものであろう。

第 4 部　体験編

ある教え子からの手紙

三浦　孝

　愛知の県立高校で 23 年間英語を教え、その後大学に移って 5 年経ったある日、砂織さんという卒業生から電話がかかってきた。
　名前にうっすらと記憶はあるが、人物が思い出せない。12 年前の卒業と聞き、懸命に自分の記憶を遡ってみる。
　「□□科で、○○先生の担任でした」
　やっと記憶の中から、小柄で目のクリっとした 1 人の生徒がよみがえってきた。いつもうれしそうに授業に参加していた子だ。
　「ああ、思い出したよ。あの、目のクリっとした小柄な人ね」
　「ああよかった。先生、ずいぶん何度かお電話しようとしたんですけど...」
　そこまで話して、彼女は電話の向こうで泣き出した。
　私はしばらく待った。やがて彼女はおちついて話しだした。なんと今はフライト・アテンダントとして働き、カナダで結婚してバンクーバーに住んでおり、もうじきはじめての赤ちゃんが生まれるというのだ。
　「すごいね。よくやった！　じゃあ、今は幸せなんだね」
　「はい！」
　ここまで聞いて私は安心した、同時に私の中にも感激がこみあげてきた。不意に私は、彼女の電話代が気になって聞いてみた。
　「それで、今はどこからかけてるの」
　「愛知の実家です。実はここまで来るのにすごく苦労して、何度かくじけそうになったんですが、高校の時の先生の授業を思い出して耐えぬくことができました。一度お会いして、そのことをお話したくて、何年も前から先生に電話しようって思いながら勇気がわかなくって。先生、私あさってから乗務でまたカナダへ帰ります。もしご都合がついたら、先生にお会いしたいと思って」
　残念ながら講義がある日だ。私は彼女に自分の住所と E メールアドレス

を教えて、今度帰国する時は必ず会おうと約束して電話を切った。うれしさがぐっとこみあげてきた。教え子が、卒業後も英語を支えとして努力し、フライト・アテンダントになってカナダで暮らしている。しかも、私の授業を思い出しては、その後の苦しい時期を耐えたという。電話を切ってからの暖かい思いは今日になっても続いている。

　1ヵ月ほどして、彼女から長い手紙が届いた。それを読んで、彼女の支えになったものが何であったのかがよくわかった。

　三浦先生へ
　□□工業高校で先生に英語の授業を教わってからもう12年近くになります。先日お電話した時、先生は私のことをうっすらと覚えているとおっしゃってくださいましたが、私は出来がいい方ではなかったし、聞き分けもいい方ではなかったので、きっと先生の教えてこられた何百人の中でそんなに印象に残っていないと思います。だから自己紹介を兼ねて、今までに至る経過について触れたいと思います。

　中学の頃、私は洋楽に興味を持ち、英語を理解したい気持ちから、高校は海外留学をと希望していました。しかし両親の賛成は得られず、結局将来はデザイン関係の仕事に進むことにし、工業高校の□□科へ入学しました。入ってみたら、クラスの中に女子は2人だけ。女子は常に男子から好奇の目で見られ、自分から男子に話しかけてもみんな照れてどこかへ行ってしまうのです。たまに優しく手伝ってくれる子がいても、ほかの子たちにからかわれたり、嫌がらせをされて、だんだん遠のいて行ってしまいます。

　学校がおもしろくなくなって、行く気を失うのですが、先生の英語のクラスだけは楽しかったのを覚えています。クラスの最初には英語の歌をみんなで歌い、教科書を使わなくて堅苦しい文法に振り回されない楽しい授業でした。

　クラスの中のちょっとツッパリ君という感じの子たちだって、たしかその月のテーマソングが Madonna の "La Isla Bonita" だったと思いますが、ラジカセを誰かが持ってきて break 中に集まって歌っていたくらいです。先生の授業は型破りで、わたしだけでなくきっとクラスのみんなが楽しんでいたと思います。わたしは高校生活3年間の中で、一番英語のクラスが楽しみでした。

　卒業後は普通に就職し、仕事は楽しくなかったけど何とか続けました。就職して3年ほど経った時、アメリカへ観光旅行に行きました。そこで、片言の英語が通じたときの喜びを感じ、それがきっかけで中学の時の留学希望や、高校

第4部　体験編

の楽しい英語を思い出し、今からでも遅くはないということに気がつきました。
　それで会社を辞めて語学学校に入ったり、青年海外協力隊を志したり、アメリカ留学の資金を貯めるために2つの仕事を掛け持ちしたりしました。しかしこれらはあまり実をむすびませんでした。結局親には1年という約束でカナダのワーキングホリデー・ビザを取り、イエローナイフ市へ1人で出かけていきました。途中、機内アナウンスを誤解してとんでもない空港で降りて、恥をかきました。今から7年前のことです。
　イエローナイフでマクドナルドをはじめ、土産物屋の店員、オーロラツアーのドライバーなどをしているうちに、現在の夫と出会い、結婚し、アルバータに引っ越して、旅行会社のアシスタント・マネージャーとして働き、その後しばらくホテルで働いた後、去年の冬にフライト・アテンダントとして雇用されました。日本のほか、カナダ国内、アメリカ、台北、香港、マニラ、バンコク、ロンドンなどへ飛んでいます。
　23歳でこの地を訪れて、今は30歳です。時が経つのは本当に早いものです。カナダでは英語学校に通ったり特別な勉強をしたわけではありませんが、英語力のためにそれなりに努力はしてきたつもりです。初対面の人と話していて、「あなたはカナダのどの辺で生まれたの？」と聞かれることがあります。それは自分の英語が自然だということで、私には何よりのほめ言葉です。
　でも、これまでにいろんな壁にぶつかってきたし、今でも壁にぶつかることはあります。この7年間がsmoothに過ぎてきたわけではありません。自分の発音が悪くて相手に誤解されたり、その場にふさわしくない英語を使って笑われたり、差別されたりしました。自分の覚えの悪さに腹が立って、何もかも投げ出してしまいたいことが何度かありました。夫婦ゲンカをしていて、自分の気持ちがうまく表現できなくて、自分の表現力の乏しさに悔しい思いをしたことも何度かありました。でも、そういうとき、決まって先生の言葉を思い出すのです。
　「英語はどれだけ習ってもきりがない。自分がいくら勉強しても、わからないことの方が多い。まるで砂浜で海に向かい、小さなひしゃくで海の水を汲み出そうとするようだ。どんなに汲み出しても海の水は一向に減らない、そんな徒労感に襲われたら、自分の傍らの桶を見るといい。海の水は減らないかもしれないが、自分が汲み出した水は桶の中にしっかりとたまっている。だから英語も勉強したら、それだけの力が必ず身についているんだ」
　今考えると、先生のあの言葉は英語のことだけについておっしゃったんでは

ある教え子からの手紙

ないのですね。その言葉は、英語以外の壁にぶつかったときでも applicable だからです。今でもわからないことは多いけど、7年前に機内アナウンスがわからなくて飛行機を飛び出してしまった時と比べれば、ずいぶん上達したものです。まだわたしはここに来て数年しか経っていないのだから、わからないのは当たり前だわ、勉強すればいいだけじゃない、あの言葉でそんなふうに気楽になれるのです。カナダに来てから、楽しいことばかりではなかったけれど、先生の言葉はわたしのそばにいて、ずっと支えていてくれました。

　高校生のとき、わたしは工業高校を自ら選んで入ったことを後悔ばかりしていました。でも、今考えてみると、そこで先生に出会うことがわたしに必要だったのだと思います。日本語にしてしまうと、とても exaggerate な表現かもしれませんが、先生に教わっていなかったら、今ここカナダで生活している自分はきっとなかったでしょう。

　手紙を読み終えて私は、授業というのは不思議なものだとあらためて実感した(それはイメージの威力に対する気持ちである)。たしかに、あのひしゃくで海水を汲み出すイメージは私の英語教育人生の中で中心的なイメージである。それがある生徒の手に渡り、その人生を支え導いてゆく、その航跡を今回幸運にも垣間見ることができた。

　教育の力というものは、その教師の1年間を通した授業スタイル、生徒とのやりとり、指導の1つ1つが、総体として1つの positive なイメージをなした時、後々までの力となるのではないか。

　砂織さんの手紙を読んで、あの当時の授業を振り返ってみた。あれは、学校が荒れて自分の従来の授業が破綻し、最後の手段として「生徒と本当に話したいことを英語で話す」ために教材の自作を開始して3年目のことだった。砂織さんのクラスは1年生から授業を受け持ち、通算3年間教えた。毎日、明日の教材を作成するために深夜まで格闘した。翌日の授業で生徒たちが目を輝かせて参加してくれることが、何よりうれしく、教材開発の苦労は喜びであった。生徒たちは私の試験的な授業によくつきあってくれ、彼らが返してくれたフィードバックが貴重なヒントとなって、私の授業構築の土台となった。まさに恩人ともいえる生徒たちであった。

　私は砂織さんに次のような返事を書いて送った。それ以後彼女とは時々

第 4 部　体験編

Eメールのやりとりをしている。母親となる日も近く、出産はカナダですという。

　砂織さんへ、
　お便りありがとう。何よりも、あなたのような素晴らしい人を教えることができたことを私の誇りに思います。本当に、あなたは夢のために力いっぱい努力し、自分を励まし、ついに実現させましたね。これを成し遂げたのは、何よりもあなた自身の努力と意思と力です。私の言葉がお役に立ったとすれば、それはほんのお手伝いにすぎませんが、そうしてお手伝いできたことをとてもうれしく思います。
　実は教師をしていても、今回のように自分の授業の何年後までの影響を、はっきりと指摘されるチャンスはめったにありません。ですから私の方こそ、この手紙にずいぶん励まされました。この手紙は私の宝物です。
　今私は大学で、将来英語教師を目ざす学生に「英語科教育法」を教えています。昔と同じように、授業の前日は深夜まで授業準備に没頭しています。今の学生の中にも、第二、第三の砂織さんがいるかもしれない、そう思って、授業をがんばろうと思います。どうぞ元気な赤ちゃんを育ててください。Saori, I am proud of you!
　三浦より

まずはあら起こしから

北島輝代

　毎年授業開始の日は所信表明演説から始まる。「英語とは何か」「みんなにどのような力をつけて欲しいか」「みんなはどのような力をつけたいと思っているのか」「どのように取り組んだらよいか」など、自分の思いを告げる正念場である。英語と日本語が交じっていても、2,3年生は決意も新たにしっかり聞いている。

　1年生はどうかというと、ちょっと事情が違ってくる。

　授業の受け方の説明が必要になってくるのである。

　「授業に必要なものを机の上に出す。使わないものは整頓して積み上げておく。椅子にはきちんと深く、まっすぐ前を向いて腰掛ける。もちろん背もたれは背中にあること。足を不都合がない限り、片足だけまげて椅子の坐板の上に乗せてすわったりしない。用もないのに手に物を持たない。何分続くかなあ？」

　特に荒れているわけではない、元気な挨拶の声が響く、普通の中学校である。

　英語を教え始めた最初の年、授業中に必ず途中で立って歩く生徒がいた。我慢ができず本能の赴くままに行動すると同時に、注意を自分に引きつけたいためでもあった。ノートを見て一言声をかけると、安心してすわる。母親をなくし、父親に去られ、2歳から施設に預けられ、大部屋で過ごしてきた子だった。彼は野生児そのものであった。彼の行動の診断は誰でも簡単にできた。

　今、彼のような行動パターンをとる生徒が増えてきているように思う。心が未開拓のままで、ただひたすらかまって欲しいだけの生徒たちである。彼らは「学ぶ楽しさ、わかる喜び、考え・工夫する力」を見つけ出せずにいる。生徒の心を育てる前に、感動する心の下地をつくり、土壌づくりのための「あら起こし」が、大切であることを痛感する。

第4部　体験編

（1）環境づくり

　ごみが散らかっている、机や椅子が散乱しているような中での授業は心がすさむばかりだ。生徒が落ち着いて学習に集中できるように、学級環境を整えることはもちろんだが、LL室など英語科専用で使えるような部屋でも大いに学習に興味が持てるような工夫をする必要がある。

　本校のLL室を覗いてみよう。

　英語を楽しもうというスローガンやポスター、授業に関係する切り抜きや、生徒作品などがずらりと貼ってある。廊下側の壁を飾っているのは、卵の殻を細かく砕いて作った、世界の国々の「こんにちは」ということば。3年生が4月に実施した egg hunt の卵の殻を使ったものである。廃物利用であるが、いろいろな色があって、楽しくでき上がっている。いろいろな国の言葉を実際に調べて作ると、興味が増すようだ。英語だけにかぎらず、「ことば」というものにもっと関心を持って欲しいという願いが込められている。後ろの壁には、日本が真ん中にない世界地図。北半球と南半球が逆になった地図。どれも生徒には驚きだ。

　彼らの好奇心を喚起するために、いろいろな資料をそろえたい。教師は情報収集のアンテナをできるだけ伸ばしたいものである。日頃から英語科職員で、雑誌や本、新聞などから授業に使えそうなものをどんどんファイリングしておく。またALTのネットワークを使うのもいい手だ。大使館から資料を入手する方法もある。大都市では、在日外国人のため各種の本が発行されている。それを出張や旅行の際に集めておく。またインターネットで海外から物品を購入することもできるし、海外旅行や海外研修に出かける仲間に頼んでおくこともできるだろう。むずかしいことはない。こんなのがあればいいなあという気持ち次第である。

　言うまでもないが、新しく掲示を貼り替えた時には、それについて説明をすることが大切だろう。

（2）生徒を知る

　「あら起こし」とは、田植えをする前に稲刈りの後固くなってしまった田んぼを、トラクターで耕していくことを言う。これが終わったら、水を入

れて平たくならす「しろかき」という作業をする。そしてようやく田植えが始まるのである。

　もうおわかりのように、何事も下準備が必要なのである。「心を育てる」ためには「あら起こし」が不可欠なのである。

　そして、まず個々の生徒の実態を把握していなければ、「あら起こし」はむずかしい。1人1人の土壌の質が違うからだ。だから目の前の生徒に関する情報を仕入れておくことが必要だ。個々の家庭環境、性格、興味、趣味、得意なこと、苦手なこと、触れて欲しくないことなど。

　英語は苦手だけれど、聞き取りポイントの大事な単語を見つけることに意欲を燃やし、熱心に聞き取ろうとしているA男。彼はリスニングの活動で俄然張り切る。ファッションに関することが好きなB子。彼女はミルクのポスター作りでは持ち前の感覚を生かして、見事なものを作り上げ自信をつけた。祖母と2人暮らしのC子。彼女の前では How many family members do you have? なんて聞けない。ドラえもんオタクのD男。ドラえもんに関する Does he ～？ のいろいろな質問に意気揚々と答えてくれる。洋楽ファンのE子は、英語の時間に使えそうな歌を次々ともって来てくれる。地理が得意なF男。彼は、地名や時差のところで大活躍。級友との共同作業ができなくて、教室に入れない生徒たちもいる。大事なことは、どこから1人1人の「あら起こし」に取りかかるかを見つけることである。

(3)　「あら起こし」のはじまり

　生徒には「英語と日本語は違う。でも同じ。『ことば』だから」と言っている。1年生への最初の種まきである。この言葉には、「みんなは1人1人違うの。でも同じ。仲間だから」というメッセージも含まれている。

　環境が整ったら、楽しく学習できる場を保証しなければならない。仲間からからかわれることなく、安心してものが言える場、友だちが一生懸命に話そうとしている姿を認める場を提供しなければならない。励ますこと、見守ることは、1つの大切な「あら起こし」作業なのである。

　「自分のことばで話すこと」は「あら起こし」の1つの作業である。むずかしく考える必要はない。"How are you?" と聞かれた時から自己表現は

始まっている。"Fine, Hot, Sleepy, Hungry, Great, Super..."などいろんな答があって当然である。

　自分のことを語ることで、自分自身を肯定できる。ありのままの自分を見つめる、自身の気持ちや考えに気づくことができる。まず、自分のことをいろいろ表現してみる。名前、出身小学校（地区）、外見、性格、好きなもの、嫌いなもの、部活動など。自分を否定するような言葉を選びがちな子には、自分らしさを気づかせて元気にしたいものである。

　「自分とどこか同じ人を1人見つけて教師に紹介する」という活動は、もう1つの「あら起こし」である。同じクラスで知らなかった人、表面上しか知らなかった人。インタビュー中は新たな発見の連続である。仲間のよさを知ることで連帯感や帰属意識が育まれる。それは安心感や居心地のよさにつながり、学校への所属感が生まれ、仲間を大切にするようになる。この「あら起こし」で土壌は大きく耕される。

（4）　毎日続ける「あら起こし」

　「先生、感動する本どれ？」図書室で生徒に聞かれた。
　「感動するって？」
　「涙が出ること」
　「涙が出ないと感動したことにならないの？」
　「うん」

　生徒たちは心を揺り動かされる体験が乏しいせいか、「感動する＝涙を流す」という簡単な図式で捉えている。彼らにとって、自分の心の中を見ることは容易ではない。心のひだは伸びきっている。だから「あら起こし」は入門期で完結するわけではない。水がなくなり、土が固まってきたら、また「あら起こし」をしなければならない。

　気持ちを表す言葉が「おもしろい」、「おもしろくない」の2語しかない生徒がいる。考えることを面倒がる生徒もいる。欲しいものはお金としか答えない生徒、将来つきたい職業は「フリーター」と答える生徒。"Why?" "I don't know." "Why? Please think." の繰り返しである。ダメだと否定はしない。「あら起こし」はただひたすら耕すのみ。自分について考え、自分

が好きになるまでひたすら耕し続ける。自分が肯定できるようになれば、相手を受け入れることができる。まずは1語から、1文から始める。

1年の時から宿題や提出物を一切出さないG子は、変わり者で通ってきた。残されても、平然としているように見えた。その彼女が2学期から徐々に教室に入れなくなってきた。級友と関わりたくないと言う。唯一の友だちは部活動仲間の男子生徒。そんな点でも変人扱いされた。英語の時間は教室に入れるのだが、グループ活動の日は相談室に消えた。

そんなある日、2000年の思い出を書くことになった。生徒たちは、好きな色画用紙を選び、月別に細かく、または1つの出来事に集中して思い思いに書き始めた。G子はというと、自分の席で凍っていた。

「どんなことがあったっけ？」

「...」

「楽しかったことある？」

（しばらく考えてから、かすかにうなずく）

「何したの」

「...福井...へ行った。」

「じゃ、そのことを書こうか。誰と行ったの？」

こうして教師とG子の問答が延々と続き、とうとう彼女の白画用紙の真ん中に小さく文字が書き込まれた。

I went to Fukui with my friend's family.
I went to a comic book fair.
I was happy.

2年間でG子が初めて書いたものである。初めて自分の気持ちを語ってくれた。彼女の心にようやく「ひと鍬」入ったのである。

新学期最初の1年生の授業に出た同僚が、授業後あきれ返って戻って来た。「教科書を読みなさい」と言ったら、「読みたくない」といわれたとのこと。「書き写しなさい」と言ったら、「書きたくない」との答。彼女は新

任教師ではない。相手はつっぱった生徒でもない。
　「どうやってこの生徒たちの心を耕すか、この1年が勝負やで」と国語科の彼女は教材づくりに意欲を燃やし始めた。同じ「ことば」を教える者同士、これからお互いアイデアを交換し合いながら、共同で「あら起こし」をしていきたい。
　新緑の時期、新しい芽が芽吹くことを期待して。

（福井県武生市武生第三中学校）

心を育てる授業を追求して

田尻悟郎

（1） さまざまな問題とその原因

　前任校での着任式の後、職員室に向かう廊下で数人の生徒とぶつかった。生徒数が1000人を越える大規模校で、廊下も生徒でごった返す。お互いよけることもせず、ぶっかったとて言葉を交わすこともない。ものを手渡したり受け取ったりするときもお互い無言。

　それまでの習慣で私は毎朝校門の前に立って1人1人に挨拶をしたが、返事を返してくれる者はほとんどいない。私の存在すら意識にないという感じで、自転車に乗った生徒が一瞥もくれず、すーっと目の前を通り過ぎていく。現金、靴、自転車のヘルメットなどがよくなくなる。上靴が便器の中につっこんである。上の階のベランダから紙、水、パン、ときにはハサミが降ってくる。

　私は1年生を担当していたので、この生徒たちを育てて学校に温かさを取り戻そうと密かに思った。そして、授業を工夫するのはもちろんのこと、自学の仕方を教え、自学帳をとおして生徒の家庭学習を個別に支援し、会話をすることを心がけた。休憩時間には常に生徒とおしゃべりをし、給食が終わると教室に残って生徒の前で生活ノートに返事を書いた。いくら熱心に仕事をしても、職員室でやっていては生徒には見えない。生徒の前で仕事をするから、生徒は何をしているか覗きに来て話しかけてくる。

　ところが1学期の終わり頃に女子数名が授業をエスケープして以来、1年生の問題行動が次々と表面化した。教室に入らず廊下をうろうろしたり、階段の下に座り込みウォークマンで音楽を聴きながら化粧したり、休憩時間になると他クラスへ行って同級生を威圧する女子生徒が出現したのである。もちろん教師の言うことを聞くはずがなく、それ以来、空き時間がまったくなくなってしまった。

　1年の3学期はめまいがするほど毎日問題が起こった。そして、2年生になり、新しいクラスで新しい生活がスタートすると、新たな問題が発生す

る。1年生のときは授業中とても元気だったのが、2年生になった途端にどのクラスも反応が鈍くなり、あまり発言しようとしなくなったのである。特に女子が、「去年のクラスはよかった」と言ったり、新しいクラスになじめないと悩みをうち明けたりするようになり、中には教室に入れない者も出てきた。

　調べてみると、これらの問題の多くは、生徒同士でコミュニケーションをうまくとれないことが原因となっていることがわかった。最近の子どもたちはコミュニケーション不足からか、人間関係を構築することが苦手になり、悩むことが多くなった。

　英語科はコミュニケーションの仕方を教える教科である。ならば、授業を通じて生徒同士が関わり合い、お互いを理解し、認め、支え合えるようにしてやりたいと考え、日々の授業作りに精を出した。

(2)　生徒に時間を与える

　まず注意したことが、授業の中で説明の部分を極力減らし、生徒たちに考えさせたり、相談させたり、発見させるための時間をとることである。そのために、中嶋洋一先生に教えていただいたソシオメトリーを利用したペア・グループ作りをした(31ページ参照)。これが実に効果的に作用した。

　「答を教えてはならず、ヒントを与える」という指示だけで、リーダーたちが俄然燃えたのである。そして、パートナーがリーダーのヒントから答を導き出したときは、握手したりハイ・ファイブ(お互いの右手を空中でパチンと合わせる)をして喜んでいた。

　「リーダーさんが一生懸命教えてくれるのに、自分はわからないことがあるので、これから勉強を頑張ります」と書いて、毎日自学に取り組む生徒も出てきたり、一方、「パートナーさんが一生懸命僕の説明を聞いて考えてくれて、答がわかったときすごく感謝された。僕もうれしかった」と書いた生徒もいた。

　教科書の読解では、生徒が主体的に本文やその行間を読もうとするような設問を考えた。答がわからないと、「もう少し時間をくれ」とか、「答は言わないでくれ」と頼んで自分たちで読解を進めていくようになる。そう

なると、教師は各ペアの活動ぶりを確認して歩けばよい。

実はこのとき気がついたのだが、塾で教科書を先取りしている生徒は、教科書の読解になると見事な「教師」に変身する。

(3) パターン・プラクティスを工夫する

単純なパターン・プラクティスも、生徒にとって身近な語句や題材を選び、最後にプラスワンの文をつけることによって命が吹き込まれる。例えば、Which is more ..., A or B? という文を練習するとき、みなさんは「...」の部分にどんな形容詞を入れられるだろうか。famous, popular などは客観的な答しか出てこないので、発展性がない。important, difficult, interesting, useful など、主観に基づく答が出てくる形容詞を選ぶとよいと思う。

次に、例えば Which is more important, A or B? という文のAとBに入れる語句を考える。このとき、個人によって判断や価値観の違いが出てくるものを選ぶと、生徒はプラスαの文をつけたくなってくる。このプラスαの部分で生徒の心が動く。

私が入れたのは、Aの部分が money、Bの部分が dream である(『Talk and Talk Book 2』(正進社)参照)。これは非常に controversial なトピックだったようで、盛り上がった。次々とペアで作った対話文を発表し、笑い声や「おぉー」という驚きや納得の声が上がった。一番うけたのは、ある男子ペアの対話である。なお、[ ]は筆者の訂正、( )は追加である。

A: Which is more important, money or a dream?
B: A dream is more important than money. My dream is to be a drug maker [pharmacist].
A: Why do you want to be a drug maker?
B: Because a drug maker can get a lot of money.

また、次の話題も地域性が出てきて楽しかった。

C: Which are more annoying, motorcycle gangs or mosquitos?
D: Mosquitos are more annoying than motorcycle gangs. There aren't so

many motorcycle gangs in Matsue, but there are a lot of mosquitos.
C: I think motorcycle gangs are more annoying than mosquitos. I can strike [swat] mosquitos. But if I strike motorcycle gangs, they will strike me (back).

　annoying は教科書に出てこないが、生徒には身近な単語であり、意見を引き出すことができる。実際、My mother is more annoying than mosquitos and motorcycle gangs. とか、My mother is the most annoying thing in the world. と言ったり書いたりした生徒が各クラスにいた。
　この頃生徒たちは英語で自分の考えを伝えることを大いに楽しんだ。新しいクラスにも慣れ、修学旅行で一皮むけ、部活動では中心メンバーとなり、生徒会の引き継ぎも近づいてきた頃であり、自覚も意欲も出てきた頃であった。

(4)　想像力、創造力を引き出す活動
　授業中はどちらかというと消極的で話すことが苦手だが、作品を作らせると非常に丁寧に仕上げる、凝りに凝る、視点がユニークである、あるいはライティングでは饒舌であるなどという生徒がいる。こういう生徒を発掘し、紹介することによって、友だちの新たな長所を見ることができる。
　そのために無地のノートを全員に購入させ、自己表現作品などを3年間に渡って記録し続けた。1年では自己紹介・家族紹介、2年では学校案内、修学旅行新聞、3年では学校紹介、職場体験実習の感想、私の理想像、私のギネスブック、マザーグースの歌応用編などを行い、それらがすべて1冊のノートに残るので、一生の宝物となる。
　3年の2学期以降は部活動が終わるので、放課後残ってペアや友人で協力して作品を作る姿がよく見られた。教師も late developer たちを個別指導することもでき、人間関係作りにも役立つ。
　また、比較級・最上級クイズ、By whom?、tell/ask クイズなどを作成させ、できあがった作品を使ってクラスでクイズ合戦をさせた。とても楽しいクイズや意外性のあるクイズ、マニアックなクイズなどがあり、教室には笑顔が広がる。そして、感想を書かせると、「友だちの発想が素晴らし

くて驚いた」、「絵がうまい」、「みんなが楽しくお互いを評価できてとてもよかった」、「たくさんの人にほめてもらった」など、好意的な意見しか出てこない。

　こういった「友だちの意外な才能や長所」を知ることによって、心に潤いが出てきたり、自尊心をくすぐられたりすることも、彼らが学年として成長するのに一役買ったと自負している。

（5）　英語の歌で心を豊かにする
　彼らが３年生の１学期末、オーストラリアから来ていた ALT が３年の任期を終えて帰国することになり、最後の授業は「泣かせよう」と決めた。以前、オーストラリアに行ったとき、"I am Australian" という曲を聴き、これだ！　と思って温めていた構想があったので、それをもとに授業を作った。

　この歌は、オーストラリアの歴史と自然を歌ったものである。オーストラリアはイギリスの刑務所が満杯になり、囚人と監視人を乗せた船がやってきたのが建国の礎となった。人生をあきらめていた囚人たちが、土地を開墾し、畑を耕し、作物を分け合うことによって更生し始める。そして鉱脈を探してアボリジニーの土地に足を踏み込む。

　さまざまな写真や絵を使い、歌詞を読解するための補助とし、最後にALT に「人間にはそれぞれいいところと悪いところがある。人の悪いところに目を向ければ、その人と自分の悪い部分を引き出す。人のいいところに目を向ければ、その人も自分もいい部分が表に出てくる。オーストラリアに連れてこられた囚人たちは、協力しあい、分け合うことによって、それまで気がつかなかった自分や人のいいところを知ったのだと思う」とまとめさせた。

　コーラス部分に来ると、感動的なメロディーと歌い方も相まって、教室には鼻をすする音が聞こえてきた。最後に ALT と握手するときにはぽろぽろと涙をこぼす生徒もたくさんいた。

　離任式では、この曲のカラオケを使い、生徒会長が英語ではなむけのスピーチを言い終えたところでコーラスがくるように練習し、３年生全員で

コーラス部分を歌った。今度はALTを泣かせた。

　3年生になると歌詞の意味がわかるようになり、それまで何となく好きだった曲が急に奥の深いものとなる。「英語の歌は、英語の力をつけてくれるだけでなく、感動することが多かったです。家でもお父さんやお母さんとよく授業で歌った英語の歌の話で盛り上がりました」という感想も寄せられ、保護者からのリクエストもあった。

　筑波大学付属駒場中学高等学校の久保野雅史先生から紹介していただいたビデオやCDは生徒の心を動かすものばかりであったし、中嶋洋一先生の書かれた『"英語の歌"で英語好きにするハヤ抜30』は、同じ世代としての共通点を見つけて喜び、私より遥かに深遠な考えに感動し、一気に読んでしまった。こういう素晴らしい先生方や、その先生方に紹介していただいた先生、本や教材のおかげで、私の生徒の心もどんどん豊かになっていった。

(6)　スピーチ

　両氏に教わったもう1つの技がある。Show & Tellなどのスピーチの指導法である。スモールステップを経て徐々に完成に近づけていくやり方や、生徒同士で支え合う方法、評価の仕方などとても参考になり、自分がやっていたスピーチ指導がぐんとアップグレードした。卒業直前に採ったアンケートでは、「最も印象に残る活動」部門でスピーチが堂々の1位を占めた。

　Show & Tellでは自分の宝物を見せてスピーチをさせたが、まず何について話をするかを決め、枝分かれ図で思考をまとめ、英文に直すまで1週間。それからALTにチェックを受け、そのあと私がチェックして、むずかしすぎる表現を中学校英語に直したり、重要表現を入れたりする作業をする。そして暗記に入り、私のところへ来てリハーサル。これがさらに1週間。堂々とスピーチするためには、完全に暗記して感情移入をしないといけないので、徹底的に練習をさせた。

　練習会場の視聴覚室には毎朝早くからスピーチ練習のため生徒が何人も来ていたのだが、後半になるとすでにスピーチを終えたリーダーたちが、

パートナーにつきあって練習に姿を現すようになった。彼らは先生そのもので、話し方、視線の持っていき方、ジェスチャー、発音、ピッチやストレスなどを細かく指導し、パートナーはそれを言われたとおりにしようとする。下書きを作成する段階で、リーダーたちが一生懸命手伝ってくれたので、恩を感じているのである。こうして、朝の視聴覚室には必死さと応援する気持ちが充満していた。

　教師(私)も簡単には合格にしないので、面倒見のいい級友たちが毎日放課後残って late developer たちを鍛える。私に「最低 100 回は音読しないことには自分のものにはならない」などと厳しいことを言われ、支えてくれる友人のためにも頑張らないといけないと思い、次々とスピーチをしていくクラスメートに焦りを感じ、こうして、緊張感がみなぎるスピーチ練習が進んでいく。

　授業では毎日 1 人ずつスピーチをさせたのだが、スピーチの最中に感極まって涙を流す者がいた。また、たくさん練習したにもかかわらずホワイトアウトしてしまい、翌日再チャレンジし、見事成功して自席に戻って涙を流す生徒などもいた。お互い苦労してスピーチを完成させたことを知っているので、スピーチが始まると一切私語や物音はしなくなり、スピーチが終わると毎日温かい拍手がわき起こった。

　スピーチのあとには 5 分間で全員に英語で感想を書かせた。個別指導をしながら定番表現を紹介していくので、日に日にうまくなっていくのがわかる。また、お互い苦労を乗り越えた経験をしているので、非難や中傷はまったくなく、どの生徒も温かいメッセージを書く。一生懸命取り組んだからこそ、成し遂げた感激がある。そして努力を評価してくれたコメントをクラス全員が手渡してくれる。この喜びを全員に味わわせた。

　手前味噌で申し訳ないが、私のクラスは本当にお互いを支え合う素晴らしい集団だった。思ったことを言い合い、ときには殴り合いをし、そしていつも一緒だった。

　このクラスの最後のスピーチを飾る生徒をだれにしようかと思案していたが、A 男に白羽の矢を立てた。彼は最初、東京タワーでおばさんに買ってもらった東京タワーのミニチュアの話をする予定にしていた。だが、い

つになっても私のところに練習に来ない。ALT にチェックしてもらった後は、自分だけで練習していたのだった。案の定、リハーサルではしどろもどろで、私は手順を無視したことを一喝した。

　彼は実に優しい男である。給食の片づけが完全でなく、かごや缶が残っていると、当番でなくても、だれも見ていなくても、無言で持っていってくれる男だった。親とケンカして飛び出したクラスメートに出会い、温かい缶ジュースを飲ませながら説得し、家庭に連絡してくれるような男だった。毎朝5時に起き、スイミングスクールに通っていた彼だったので、それに関連したことを話せと、私が半ば強引に内容変更を指示したところ、彼は涙をぽろぽろとこぼし始めた。いろいろな思いが頭の中を駆けめぐり、彼は嗚咽した。

　我がクラスにとって、中学校最後の授業は、最後の10分を彼のスピーチと感想書きにあてた。スピーチが終わると、彼らは大好きだった**Aerosmith** の "I Don't Want To Miss A Thing" を BGM として聞きながら、目頭を押さえて感想を書いた。全員をして「感動した」と言わしめた A 男のスピーチは次のような内容であった。

　Now let me show you my treasure and talk about it.

　My treasure is these water swimming goggles. When I was a first year student at secondary school, these swimming goggles were given to me by my swimming companion. I used them for the first time in Shimane Prefecture Swimming Competition.

　However, my goggles came off as soon as I dived in the swimming pool. I was not able to swim so well. I swam 200 meters without goggles. At that time my summer ended and I kept crying. And I decided to become good at swimming. So I practiced swimming very hard. I often practiced swimming early in the morning.

　The next year, I was able to go to Chugoku District Swimming Competition. I was very happy, but I kept thinking about my school life. After school my friends went to each club, but my club didn't become active. When I finished my swimming practice at the swimming school,

> I didn't have any friends to go home with. So I didn't know what to talk about when I was talking with my friends in the classroom. And I didn't like my school life.
>
> But you were always kind to me. So I became aware that I don't need to worry. Now I have two treasures. These goggles gave me a good chance to make myself swim well. But if I didn't belong to this class, I would not go to school. So Class 3-9 is my another treasure. Thank you.

　卒業式は厳粛な雰囲気の中で行われた。自分たちが成し遂げてきた業績を誇りに思い、大きな声で返事をし、340人が見事な調和を感じさせる動きをした。答辞ではたくさんの生徒が涙し、保護者はハンカチで涙をぬぐった。生徒会長が答辞を読み終わると、保護者席から万雷の拍手が起こった。

　最初はいろいろなことがあった学年であったが、今ではよくぞあそこまで育ってくれたと感慨に浸っている。生徒を信じ、生徒に考えさせ、生徒とともに動き、笑い、感激してきた。授業作りと自学のチェックは、どんなに忙しくても、睡眠時間を削ってでも手を抜かずにやってきた。

　生徒は、自分を大切にしてくれる人がいることを知ると、安心する。そして、成長して恩返しをしようとする。生徒が書いてくれた手紙や感想、そして作品集のコピーは、私にとって一生の宝物である。

（島根県広瀬町立比田中学校）

第4部　体験編

北の離島の英語教育

卯城祐司

　私は大学に移るまで、北海道の公立高校を3校勤めた。振り出しは都市部の進学校、最後が英語科のある学校、しかしなんと言っても忘れられないのが、2校目の離島経験である。最初の勤務校を転勤という段になって、なぜかその時、真っ先に頭に浮かんだのが、日本の北の端にある利尻高校であった。当時私は大学を出たてで若く、指導の壁にぶち当たるはるか以前であった。公開授業などでもうまくいったが、その度に「おたくはいい学校だから」と言われ、「みんなが一番行きたがらない学校で、同じことを試してみたい」と生意気にも思ってしまった。

　しかし、郡部校に移ってはじめて、研究会などで言われたことが身にしみてわかった。確かに大変だ。同じようにいくはずもなかった。英語の力と知的レベルのギャップ。授業以前の問題などなど。しかも冬はもちろんのこと、厳しい自然が襲ってくる。今でも風が強い日など、海が大シケで、まさしく孤島となり、新聞を1週間も読めなかったり、店の生鮮食料品の棚が空っぽになった様子が思い出される。

　さて、離島に赴任してみると、そこには、口は悪いけれども、気さくでざっくばらんな父母たちが待っていた。「先生、俺は漁師やってっけど、生まれてこの方、1回も英語なんて使ったことないし、これからだって使わねえな。何で英語なんてやんなきゃなんないんだ」と言われ、あわてて「漁業においても国際化は...、えー200海里の時代なので...」などとしどろもどろに答えたら、「お役人みたいなこと言ってどうすんのよ」と大笑いされた。確かにそうであった。「うーん、何で英語やるの」と悩んだ。大学受験をする数名を除いて、進学のための受験英語は必要がない。かといって、実用英語を教えても、漁師などになって島にとどまる多くの者にとって、本当に英語を使う機会があるのだろうか。観光シーズンにはパラパラと外国人が訪れるが、もの珍しそうに見ていればいいだけだ。映画館などがあるわけでもなく、もちろん洋書などを置いている本屋さんなどない。生徒た

ちにすれば、中学時代にすでに嫌いになった英語なんて、ラテン語のようなものなのだ。私は悩みに悩んだあげく、英語を学ぶ必然性を作ることを目標にした。

　ある日、「身の回りには、英語がいっぱい隠れています。どんなものでもいいから英語をたくさん集めてくること」という課題を出してみた、するとさまざまな英語が集められてきた。薬のパッケージ、スパゲッティの包装紙、ジーパンについているステッカー、キャンディ・チョコレートの包みなど、教壇に乗り切らないほど一杯になった。中にはローマ字で書かれてあるものを英語と勘違いして提出した者もいて、みんなで大笑いした。これらを使ってプリントを作って勉強したが、実生活と結びついているので、みんなやる気も出てきた。

　「お父さん、何で英語やるのか、ちょっぴりわかりかけてきたような気がします」と、後日私が言うと、「何だ、先生、そんなこと気にしてたんか。数学も理科もおんなじ。何でやってっかわかんねえもんばっかりなんだ」と人なつっこい笑顔を見せた。「でもさ、おもしろければやるべさ。やればわかるんだって」と肩を叩いてくれた。

　そこで、しかめっ面をしているような教科書を、会話形式やクイズなどに形を変えてみた。そして、日本の童話や地元の歌、演歌などを片っ端から英語に直したり、英訳を集めては授業に取り入れていった。

　そんなある日、英語弁論大会の案内が来た。それまで誰も参加したことがなかったようだが、「誰かやってみる気はあるか」というと、坊主頭の野球部の生徒があとから職員室にやってきた。「えっ、君が」と思ったが、それは心に留めて、「どうしてやってみたいの」と問うと、「(会場の)旭川に行ってみたい」が答。「うーん」と唸ってしまったが、三枚目路線の彼とはなぜか馬が合いそうだ。「よし、やろう」ということになった。

　出だしは 'I hate English.' で始まり、だんだんと英語が好きになってくる様子をユーモラスに語り、中には 'The ocean yoo 〜' と「親父の海」の英語版を入れた。「俺は外国に友だちがたくさんいる。ハワイにいる友だちは毎年クリスマスになるとマカデミアン・ナッツをたくさん送ってくれる」と私がいつか言ったのを覚えていて引用し、「英語を通して世界中に友

だちを作ってやる。そうすれば毎日マカデミアン・ナッツが食べられる」と結んだ。私もこれまでの、「○○さんが重病になったが励ました」とか、「けがをしてスポーツ大会に出られなかった」などの、おきまりの悲しいスピーチにはうんざりしていたので、大賛成した。毎日毎日練習を重ね、ついに当日を迎えた。一部の伝統的な審査員を除き、会場は大爆笑。地区大会で2位となり、全道大会進出が決まった。私は涙がこぼれんばかりに大喜び。彼も今度は札幌に行けるのでやはり大喜び。暖房の入らない体育館で何枚もコートを着込み、冬休みを返上して練習した。

　ところが、出発予定の前日から当日にかけて低気圧が発達し、フェリーも離島空路も欠航し、八方ふさがりとなった。2人でがっくりし、まとめた荷物をほどき、呆然と海を見つめていた。そんな時、リリーンと電話が鳴った。「先生、何してんの。急いで。巡視船が来るよ」「えっ」と半信半疑のまま、同僚の車に乗せられて漁港に着くと、はるか向こうに巡視船「れぶん」が見えた。

　聞けば、島のお父さん、お母さんたちが役場や漁協の電話線がパンクするほど陳情してくれ、宗谷海峡をパトロールしていた巡視船が特例中の特例ということで、急遽やってきてくれたのだった。漁師さんがこいでくれた港の小舟から沖の巡視船に命からがら飛び乗り、稚内港でまた巡視艇に乗り継いで、札幌までの夜行列車に何とか間に合った。漁師の子である彼は大はしゃぎで巡視船の中をビデオ片手に走り回っていたが、私は大荒れの海に船酔いし、バケツを抱え横になったまま、うめいていた。

　当日、会場に着くと、みんなが「良かったね」と声をかけてくれる。どうして知ってるのかなと売店の新聞を見ると、一面に「ありがとう巡視船：今日の英語弁論大会間に合うゾ」とあった。この宣伝効果も手伝い、全道大会でも5位に入賞することができた。

　例の親父さんには、それからも声をかけられた。「ばしっとやるときゃやらんきゃだめよ、先生」とか「英語ができても、ほかは何にも知らねえな」と、するめの焼き方、ふのりの食べ方から百人一首まで教わった。島では、子どもがいるいないに関わらず、みんながPTAだった。そんな中で生徒だけでなく、若い教員も育てられたような気がする。（筑波大学助教授）

「愛のある授業でがんばってください」

岩本京子

　転勤して3年目、苦労続きのある日、以前教えた生徒で高校3年生になった小百合から突然手紙が来た。すっかり大人になり丁寧な言葉づかいで、両親と話している時に私のことが話題になり、中学時代の英語の授業を思い出したことや、高校に入ってから嫌いになった英語をもう一度勉強してみようと思うに至ったことが書かれていた。

　その手紙をその後何ヵ月バッグに入れ持ち歩いたかわからない。最初は何度も広げて読み、その内バッグの中の水色の封筒を見るだけでうれしくなり、そこにあると思うだけで励まされた。小百合の声や表情、スピーチや作文が次々思い出され、気持ちがあたたかくなった。

　これは小百合、中学2年5月頃の作品である(次ページ参照)。もっと上手というか高度な作品はいくらでもあったが、限られた語彙と文型ながら担任の先生とのほのぼのとした和やかな関係が感じられ、私の好きな作品の1つである。

　この作品以前はそれほど目立たなかったが、この時「小百合、力が伸びたな」と感じたこともあってコピーして作品綴りに残したものである。

　小百合は特に勉強好きでもない、成績もきわめてふつうの、学校に来ている間中ずっとにぎやかにしゃべっているような子だった。放課後、職員室の入り口に来ては「ちょっと、ちょっと」と言って私を呼び出し(職員室の中で話すとうるさくて迷惑になるので寒い時でも私が外に出る)、連れてきた友人と共にひとしきりしゃべっては帰っていくことが多かった。

　2年生の3学期は visual aids を使いながらのスピーチと Cats & Dogs と呼ばれるディベートまがいの討論ゲームを行った。

　彼女のスピーチのテーマは家電販売店を経営する自分の父親であった。小百合の祖父から小さな店を受け継いだ父が、近くに大規模な住宅開発があったのを機に思い切って店を住宅地の中に移し、確かな技術とサービスで顧客を増やしていったこと、競争の激しい中で家族のために一生懸命働

第 4 部　体験編

> Monday May 16 Fine
>
> My Happiest year
>
> I was fouth grade.
> I was nine yeas old.
> I was tomboy. My friend is tomboy too.
> My homeroom teacher was soccer verywell.
> He was sometime strict but kind.
> He likes sing.
> It's Mikan no hanasakuoka.
> He went to the school by bike.
> But rainy's day was went to the school by car.
>
> He was very sport man.
> But He doesn't play skat.
> His name was Mr. Nagao.
> He was nice teacher.
>
> This is Sayuri

課題作文
(Creative Writing)
"My Happiest Time"

　be 動詞過去形の学習の一環として小学校時代で一番楽しかった年の思い出を綴らせた。作文に書いた後、各自好きな曲を BGM に流して朗読しテープに録音した。

　中間考査に出題し、答案返却後、小百合がノートに清書したもの。第 1 稿より間違いは多いが、内容は豊かになっている。

く父であることなどを、紙芝居風の数枚の絵を使って話した。自身の英語力に較べて内容が高度すぎ、スピーチの後半はかなり苦労していたが、日頃の愉快で気楽そうな小百合とはおおちがいの真剣さは彼女の家族に対する愛情を感じさせた。

　一方、Cats & Dogs での彼女の思い出は最高に愉快である。

　この時は「ペットにするには猫と犬のどちらかよいか」「都会と田舎、住むならどちら」「アメリカとオーストラリア、旅行するならどちら」いうテーマで 1 チーム 6 人程度の 2 グループで討論させた。小百合が出場したのは 3 番目のテーマで小百合はアメリカ派であった。3 テーマ目であったため、双方よく準備していて発言が活発に続く。アメリカ派が映画産業や

ディズニーランドなど楽しい施設が多いと言えば、オーストラリア派はエアーズロックや珊瑚礁を持ち出す。ニューヨークで買い物ができると言えば、コアラを抱けると切り返す。その内、アメリカ派が頃合を見て、相手が言い返せないだろうと予測していた切り札、「オーストラリアには砂漠があって危険だ。そんな国には旅行したくない」を出した。するともちろんとっさに考えついてであるが、オーストラリア派が「以前、テレビで見たが、オーストラリアの砂漠では自動車レースが行われている。だからそんなに危険ではないはずだ」と言い返しジャッジ側から思わず拍手が湧きおこる。その後はアメリカ派がアメリカの良い点を強調しても、オーストラリア派は自然環境や野性動物のすばらしさを持ち出し "You can enjoy beautiful nature in Australia." と付け加えて澄ましている。アメリカ派が焦り始めたその時、小百合が手を挙げ、こう言った。"Australians eat Kangaroo meat. I don't like it."

司会役として、それまで中立を保って双方の不十分な英語を言い換えて復唱していた私だが、机に突っ伏して笑い転げてしまった。笑いをこらえて復唱しようとしても、小百合もにこにこ笑っているし、私の復唱を聞いた生徒たちも笑い出す。ようやく納まり "I really feel happy that we don't have any Australians here. If Australians hear what Sayuri said, they may get angry." と言って次に移ったが、この勝負の行方は記憶にない。初めて試みた Cats & Dogs も、生徒たちが果敢に英語を使ってくれたおかげで成功したが、小百合の発言はその象徴と言える。

3年生になってからの作品もいくつかある。

接触節を教える時、生徒1人1人に「宝物」を持ってきてらう。その宝物を他の生徒に見せながら "This is the key-ring my father bought for me in Okinawa." と英語で説明させる。言える生徒はもう1、2文付け加える。写真やら旅行のおみやげなど小さい軽い物を持ってくればよい。ところが小百合は紙袋に何やら嵩張る物を入れて持ってきて英語の授業まで職員室で預かってくれという。授業の時に取り出した中身は、木製の大きな家型の箱であった。その箱を掲げ表蓋を開けながら "This is the key-box my father bought for our family. We can keep all the keys in my house. We like this box very much." といった内容を話した。見事であった。ところが、「今日、荷物多いから明日持って帰るわ。せんせ、あずかっとって」と言って紙袋を置いて帰り、そのまま何日も取りにこない小百合であった。

　7月、帰国するALTを送る会を兼ねてテレビコマーシャル型のスキット発表会を持った。衣装、小道具、筋立ての凝った作品が多く楽しい2時間があっという間に過ぎた。小百合は3人グループでローソンのおにぎりのCMスキットを行った。特別に用意した小道具はローソンのおにぎり3個と袋だけ。通学カバン、体操服、部活動で使っているテニスラケットをそのまま利用して、下校途中でおなかの空いた生徒3人がローソンで買ったおにぎりを「こんなにおいしいものはない」と言いながらベンチで食べるという趣向であった。実際におにぎりを食べ、最後は3人で腕を振り上げながら "Lawson's rice ball, Lawson's rice ball!" と節をつけて何度も叫んで終わる。リーダー小百合は終始3人の真ん中に陣取り元気一杯であった。

　2学期後半、"What's new?" と名づけている話す活動に入った。自分で話そうと思う時事ニュースや家庭や近所の話題を用意しておき、指名されたら前に出て話すのであるが、途中で教師が聞き返したり質問したりするし自分のコメントを述べたりしないといけない。生徒が取り上げたので覚えているのだが、北海道のトンネルで大きな崩落事故の起こった年である。小百合も2度以上はこの活動をしているが、私の覚えている話題は「最近のわが家の楽しい朝食」というものである。何かなと思って聞いていくと母親がおもしろがってペットのゴールデンリトリバーに家族と同じように食卓につかせたところ行儀がいいので毎朝そうしているという話題であった。犬も家族と同じ物を食べるのかと尋ねると、トリル(犬の名)はドッグフードを犬用の食器に入れてもらうのだという答であった。

　この後ディベートをもって3年間にわたる指導の終わりとなる。

　作品を通しての小百合の思い出をこまごまと綴ったが、もちろん他の生徒のそれぞれについても同じように3年間の成長の思い出が存在する。次第に成長する生徒作品の積み重ねこそが私の授業なのである。いかにして中学生の心にそって英語を話し、書かせるか。テーマを選び、仕掛けをして英語で自分を表現させ、その表現の喜びや苦労を通して相手を理解しよ

「愛のある授業でがんばってください」

うとすることの大切さをわからせていく。英語は、単なる教科としてでもなく、文法のかたまりとしてでもなく、言葉として教えられなければならない。生徒指導に追われ、バケツに煙草の吸殻を拾い集めるのが日課の学校にいても、そこにこだわって授業しなければと思う。

それでは小百合からの手紙を紹介する。

先生お元気ですか。

私は相変わらず元気です。(中略)私の方はとうとう高校生活最後の夏になってしまいました。先生は今、自由が丘中に移られたとききましたがそちらの中学で楽しい授業をされていると思います。昨日、両親と私の中学時代の話をしていて、父が岩本先生と少し前にお会いしたというのを聞き、懐かしく思いお手紙を書きました。

早いもので卒業して約3年がたとうとしています。私はやはり人と接していく仕事につきたいので高校卒業後は短期大学の観光学科に行こうと思います。そして中学の頃からの夢であったホテルの仕事につけたら...と考えています。だから今は短大に向けてがんばっている!! と言いたい所ですが、この性格なので私なりのペースでボチボチやっております。

最近、将来のことばかり頭の中で考える毎日の中で、昨夜、中学時代の話を両親としたことで、和んだ気持ちや懐かしい気持ちなどで私にとってすごくやすらいだ時間になった気がしました。

私の高校生活は今少し振り返ると、中学とまた違う楽しさがあったように思います。でも中学時代に得たものが得られない面もあったような気がします。

先生が中学時代におっしゃられていたように、高校の英語は文法ばかりで、英語といえば本文訳や文法などと私の嫌いなことがほとんどで、一度は英語も嫌いになってしまいました。しかし、一度はあきらめていたホテルの仕事にやはりもう一度がんばって就いてみたいと最近思うようになり、観光学科を受験しようとこの夏決心しました。だから今はこの思いでがんばっています。先生も、きっと今の生徒さん達にきっとすばらしいことを与えられていると思いますが、私は、先生の授業は毎時間すごく×2楽しみでした。だから私達の中学校の頃のように、愛のある授業でがんばって下さいね!

私も推薦入試を受験しようと思うので私なりにがんばります。お身体に気をつけてがんばってくださいね。お互い自分らしい毎日を過ごしましょう。それ

第4部　体験編

では、またおたよりします。お返事いただければすごく嬉しいです。

小百合

P. S.　トリルも元気にしています。

私の授業のどういう点を指して「愛のある授業」などというもったいない評をくれたのかはわからないが、初めて手紙を読んだ時、このくだりで手紙の文字がだぶってしまい読み通せなかった。

念願の短大に進み、2年生になった小百合が最近もう少し分析した手紙をくれた。前の手紙の後、電話で何度か話したので前より気軽な口調である。

「(前略)...さゆりが高校でまず感じたコトは岩本先生みたいにコミュニケーションを大事にする先生方が少ないということ。さゆりはあまり文法とかに興味がなくて大好きな英語が大嫌いになったコトもありました。Butやっぱり短大を決める時期になって冷静になってもう一度初心に帰ってみたの。それじゃあ、さゆりの目指していたものには英語が必要だし、中学の頃あんなに好きだった英語だし...と思って再チャレンジのつもりで今の短大に決めたんです。

短大では高校の頃ほど、英語に対して苦痛なことはなかった」

この後に来る理由がおもしろいというか、私にとっては教師冥利につきる答である。「っていうか、授業はほとんど英語だから」

手紙は、カナダにホームステイに行った時、テストでも彼女よりできるし発音もきれいな友人がいくら言っても英語が通じない場面で、小百合が言うとなぜか通じてしまうということが何度かあり、それは私が常にこだわって指導していた、言いたい内容や感情を伝えるためのリズムやイントネーションが自分の身についていたせいだと気づいた話が続く。そしてこう言うのである。

「さゆりはハッキリ言って日本でのテストの点もいいわけじゃないし、家でも勉強だって全然しないけど、仮にさゆりと同じ勉強量の人がいたとして、さゆりとその人が海外の人と話したら、絶対にさゆりはその人より話せる自信がある。だってやっぱりこれだけは中学の3年間に自然に身についた力があるからです。...さゆりみたいに勉強嫌いでなにもしない人なのに海外に行っても通じるし、日本の短大でもオーラルイングリッシュっていう授業は外国人の先生の

「愛のある授業でがんばってください」

授業で、その授業ではけっこうさゆりは話せてるから...ホントに中学の3年間つめこまれるわけでもなく、自然に身につく英語を教えていただいたコト感謝しています。

　私は、紙の上での英語も大事だけど、やっぱり一番大事なのは、いかに話そうとするかと聞き取れるかだと思います。...中学の頃、テスト勉強は教科書を何回も大きな声で読むだけでやっていけてました。後は普段から先生の授業をどれだけ集中して楽しむかっていうだけ。先生の授業はどんな先生ともやっぱり違う。特別です、私の中で。中学の3年間やり直せるならもう一度先生に教わりたいです。さゆりに本物の英語と一度も手抜きしない授業をありがとうございました」

　ありがとうを言うのは私の方である。

（兵庫県三木市立自由が丘中学校）

あ と が き

　英語の大空はいま目の前に広がっているし、教室に知恵と心の泉はこんこんと湧いている。それに気づいた教師と生徒にとって、英語教育は胸はずむ創造の喜びである。

　本書を出版するにあたって、お世話になった方々に御礼を申し上げたい。ご著書からの引用を許可して下さった土屋伊佐雄氏、授業へのコメントをお寄せ下さった金井郷子さん・砂織さん・小百合さん、授業分析をお寄せ下さった肥沼則明氏・本多敏幸氏・柳瀬陽介氏・築道和明氏、推薦文をお寄せ下さった尾木直樹氏、イラストを描いて下さった近藤真紀子氏、出版を実現させて下さった研究社の杉本義則氏・津田正氏、そして授業を共に歩んでくれた多くの生徒の皆さんと、実践を見守ってくださった同僚の皆さん、どうもありがとうございました。

編著者紹介

三浦　孝（みうら　たかし）
　　1971年愛知県立大学文学部卒業。千葉県・愛知県にて23年間県立高校英語教師。1987年三省堂英語教育賞一席入賞。1994～1997年バーミンガム大学大学院通信制課程に学びM.A.取得。1995年名古屋明徳短期大学、1999年より現在まで静岡大学教育学部英語教育講座に在職、教授。バーミンガム大学大学院在日チューター。

弘山貞夫（ひろやま　さだお）
　　1973年愛知県立大学外国語学部英米科卒業。愛知県立碧南工業高校、岡崎商業高校、安城南高校を経て、現在豊田東高校に勤務、英語科教諭。三友社刊高校英語教科書 *Atlas* 編集委員。マザーグース研究会会員。

中嶋洋一（なかしま　よういち）
　　1955年富山県生まれ。小学校に3年（連続で6年生を担任）、中学校に19年勤務（中1を2度、中2を3度、後に中3を担当）した後、現在は指導主事。著書に『英語のディベート授業30の技』（明治図書）、ビデオ『中嶋洋一の「英語がわかる・話せる授業」(3巻)』（汐文社）など。

だから英語は教育なんだ
——心を育てる英語授業のアプローチ——

2002年4月30日　初版発行　　2017年6月9日　第11刷発行

編著者　　三浦　孝
　　　　　弘山　貞夫
　　　　　中嶋　洋一

発行者　　関戸　雅男
印刷所　　研究社印刷株式会社

発行所　　株式会社　研究社
http://www.kenkyusha.co.jp

KENKYUSHA
〈検印省略〉

〒102-8152
東京都千代田区富士見2-11-3
電話（編集）03(3288)7711(代)
　　（営業）03(3288)7777(代)
振替 00150-9-26710

© 2002 Takashi Miura, Sadao Hiroyama and Yoichi Nakashima

表紙・本文イラスト：近藤真紀子　　表紙デザイン：小島良雄
ISBN978-4-327-41060-5　C3082　　Printed in Japan